心理學諮商叢書

U0067112

【洪莉竹博士主編】

教師的
諮商技巧
Counselling Skills for Teachers

Gail King◎著

洪莉竹◎推薦　　戴靖惠◎譯　　李茂興◎校訂

COUNSELLING SKILLS FOR TEACHERS:

Talking Matters

Gail King

Chinese edition copyright © 2002

By Hurng-Chih Books Co.,LTD.

for sales in Worldwide

ISBN 957-0453-50-8

Printed in Taiwan, Republic of China

推薦序

洪莉竹 博士

　　教師的職責除了提供符合學生能力、經驗和需要的學習活動之外，還要隨時注意學生的行為表現，適時的表達關心，提供有助於學生成長與適應的意見或相關訊息，若是學生遇到適應上的困難或是產生偏差行為，教師必須運用輔導的知能提供解決問題的協助或幫助其導正行為。

　　教育部（民87）推展「教學、訓導、輔導三合一整合實驗方案」，強調幾個理念與做法：落實教師在教學歷程中輔導學生的責任；培養全體教師都具有輔導理念與能力；實施每位教師皆負導師職責；鼓勵每位教師參與認輔工作。因此教師除了需要具備教學的知能，也需要具備輔導的知能。根據

我多年從事學校輔導實務工作與教授輔導相關課程
的經驗，我認為教師需要具備的輔導專業能力有下
列幾項：

1. 能夠運用晤談技巧，和學生建立信任的關
   係。
2. 能夠了解引發學生行為問題的可能成因（環
   境）。
3. 能夠和學生一起訂定具體的改善目標。
4. 能夠運用資源協助學生（包括運用班級資
   源，或予以適當的轉介）。
5. 能夠與家長晤談，建立合作關係。

　「教師的諮商技巧」一書的內容包括：中等教
育的諮商技巧、傾聽的技巧、回應的技巧、諮商技
巧的運用、學生如何提出問題、教師的合法性義務
與責任等六個部分，這些內容都是教師在學校與學
生進行個別晤談時最需要的知識。作者以諮商專業
理論為基礎，選擇教師需要的諮商技巧和相關概
念，以實務的觀點來檢視這些技巧的運用，對於學
校教師而言，這是一本專業性和實用性兼具的好
書。

我特別欣賞本書的幾個特色：

1. **明確列出教師需要學習的諮商技巧。** 包括傾聽的技巧（第二章），回應的技巧（第三章），和學生建立關係的技巧（第五章）。

2. **指出教師進行諮商工作時應該注意的事項。** 包括諮商技巧的運用（第四章），教師的合法性義務與責任（第六章）。

3. **舉出實例說明概念。** 作者舉出許多實例來說明書中所述的觀點與概念，有助於讀者的理解和應用；雖然本書所舉的例子是國外的事例，但是除了少數與文化、種族議題有關的例子不適用之外，多數範例都具有高度的參考價值。

　　學校教師可以從本書中得到實用的技巧與概念，有助於和學生、家長建立合作信任的關係，有助於引導學生面對其行為困擾及尋找解決問題的方法。書中所列的某些技巧需要透過演練才能精熟地運用，因此教師可以先以本書作為學習的基礎，再根據個人的需要進行其他理論或技術的學習。

前 言

當 Michael Jacob 請我寫這本書時,我第一個反應是覺得很開心。我在學校擔任諮商人員已經有八年的時間,總覺得實在應該寫一本書回饋那些曾經和我一同工作的學生。我也為 PGCE(Postgraduate Certificate)開過一些講習課程,但是,常常令我覺得很沮喪的是,我沒有辦法推薦一本兼容並蓄的書給學生——一本既能說明中學教師所需的諮商技巧、又能以實務觀點來檢視這些技巧之運用的書。

然而,高興之後面對的就是挑戰—我必須將這兩種元素納入一本書裡。最大的困難在於,由於我本身就是諮商人員,某些概念對我來說是理所當然的,但是對老師們卻具有重要性與實用性,因此,我必須詳加檢視、說明這些概念。我希望我做到了。

在說明各種諮商技巧以後，我相信這些技巧都是需要加以實際演練的。由於篇幅有限，我不能把相關的練習納入本書，我建議讀者參考 Michael Jacob 所著之《Swift to Hear》一書，其中有各種非常實用的操演活動。本書提到老師的時候，爲了簡單明瞭，都以女性的「她」作爲代名詞。事實上，男性的「他」也一樣適用。

雖然我也概述了一些潛在的問題或陷阱，不過多數的時候我都盡量保持正面的態度。教師們所進行的輔導工作是非常珍貴的資源，到現在我仍然記得學生時代給我許多支持、鼓勵和信任的老師。從青春期開始，我嘗試用繪畫、音樂、語言和別人溝通，最後終於發現語言才是人際間最好的溝通工具。然而，語言是複雜的；語言的豐富性也是曖昧與困惑的來源。關於諮商，我試著找到可以表達思想和情感的語言，有時候的確很不容易，但是如果這樣可以幫助別人表達自己，這些努力也就值得了。

能夠完成這本書，我要感謝很多幫助我、鼓勵我、支持我的人。我要謝謝 Michael Jacob 肯定我的潛力，不管是作爲一個心理治療師或是作者（容我

大言不慚地自稱作者），他都給我最寶貴的協助和鼓勵。我也要感謝 Moira Walker，她以自己在學校從事諮商工作的經驗，提供我許多指導及支援，她務實的態度給予我莫大的啟發。此外，我要向 Maureen Cruickshank 致謝，因為是她給我機會讓我在萊斯特郡（Leicestershire）的 Beauchamp 學院擔任諮商工作。我還要感謝同事們對我的鼓勵，我不但珍惜這份友誼，更尊敬他們對教職的全心投入。另外，我要特別感謝 Kibworth 中學的 Peter Fearon 和 John Sharman 花時間和我討論有關中學生輔導的事宜。最後，無庸置疑的是，我還是從學生身上學到最多。

我也要向我的好朋友與家人表達謝意，在我為了寫作而封閉自己的時候，他們從未離我而去。Mary 總是適時適地為我打點一切，Dorothy 讓我在良好的環境中整理思想與情感。我也要謝謝為我打字的 Kay Brutnall，還有努力讓我學會文書處理的 Rob，除了教我這些技能以外，他的耐心與對我的信心令我感動。我無法一一感謝所有的人，但我還要謝謝我的孩子——Ashley 和 Cerys，儘管面對忙於寫作的母親，他們不免有所埋怨，但卻在實質上與

情感上都給了我最大的支持，他們的愛與鼓勵使這一切變得可能。

目　錄

中等教育的諮商技巧

　　為了對諮商技巧及中等教育諮商現況有更深入的了解，我們有必要簡單地回顧學校諮商與輔導工作的歷史。從歷史的觀點可以清楚地發現，學校除了須滿足學生受教育的需求以外，還有其他的需求也是學校教育中很重要的一部分。然而，有關如何滿足這些需要、由誰來滿足等問題，卻始終沒有一致的看法。關於諮商的定義、諮商在學校的定位、教師角色與諮商工作的相容性等問題，也一直無法釐清，導致這些議題更具爭議性。

　　輔導教養的觀念可追溯到十八世紀末、十九世紀初興起的公立學校校長改革行動，其中拉格比（Rugby）中學的 Thomas Arnold 和尤賓罕（Uppingham）的 Edward Thring 提出一個觀念：教

師對學生的責任並不僅止於課堂上的心智訓練，而
Arnold 更直接指出，應該將宗教與道德準則放在第
一位，其次則是教養學生的舉止，最後才是智力的
培養。Arnold 所領導的拉格比中學，即成為一所將
學校輔導教養垂直納入家庭宿舍的公立學校典型。

　　1902 年教育法案實施以後，新成立的中學都模
仿公立學校的住宿制度。後來有些老舊的慈善學校
改制為公立學校時，承襲了昔日對學生進行教養的
傳統，將教育與教養的工作合而為一。在 1940 和
1950 年代，對於個人的關注逐漸提高，到 1960 年
代時則出現許多重要研究，這些研究對社會政策產
生強烈衝擊，包括 Musgrove 對家庭的研究
（1976）、Newson 對親子關係的研究（1963）、
Douglas 對家庭與學校之研究（1964）、Crowther 報
告（CACE 1989）、Newsom 報告（1963）及
Plowden 報告（CACE）等。無獨有偶，這些研究
都承認了一項事實：孩子的需要並未獲得滿足。

　　在 1960 年代全面興起的改革風潮中，學校教
養結構呈現複雜而多元的面貌，包括垂直住宿制
度、年級的水平制度等。這樣的發展使問題的輪廓
漸漸清晰：單靠組織結構並無法提供適當的教養關

懷，因此，人們進而將注意力轉移至輔導工作的技巧和歷程。此外，指導（guidance）、諮商（counselling）和輔導（pastoral care）之間的差異，使輔導的定義工作愈見複雜與困難。

　　毫無疑問，很多諮商觀念—特別是源自於人本主義學校的觀念—對1960年代的思想與政策都有重大影響，尤其是Carl Rogers、Leona Tyler和C. Gilbert Wrenn等人之著作可謂影響至鉅。教師、社工人員和年輕的工作者更在此時將很多相關概念—如非指導（non-directiveness）、無條件的正面關懷（unconditional positive regard）、眞誠（genuineness）等等融入工作中。

　　1963年，在全國心理健康協會（National Association for Mental Health）的一場研討會上，由Rusholme的Lord James擔任主席，第一次在英國正式討論諮商和學校的關係。與會者皆同意，很多孩子「都有共同的問題，覺得人際與社交上的調適既困難又麻煩」，而且他們的「需求無法有效地獲得滿足」，並且獲致一項結論：「其中一種需求或許可以由諮商人員加以滿足」（NAMH 1970：1）。隨著人們對這項需求的發現，基爾大學（University

of Keele）和瑞丁大學（University of Reading）開
始為任教五年的老師提供諮商訓練。這些訓練課程
係以 Carl Roger 的研究（見延伸閱讀）為基礎，強
調以個人為中心。不久，全國各地都開設了各種課
程，訓練重點從治療到生涯規劃，堪稱相當多樣
化。起初看起來好像每所學校最後都會有一名諮商
人員，如 Bolger（1982：61）所說，學校諮商是
「教育的新勢力、引發論戰的導火線、靈感的起
點、理論的泉源、實務技巧的來源。」

　　然而，諮商人員的角色經常受到錯誤的定義與
不當的理解。或許此係因為這個角色源自於美國，
儘管英美語言相通，仍無法避免文化差異性，而且
在美國的學校所強調的重點通常是就業指導。基於
上述理由，對於專業諮商人員的必要性抱持抗拒或
懷疑態度的人也不在少數，因此，一開始對諮商專
業課程的熱衷和學校裡突然暴增的諮商人員數目，
很快又走向了下坡。另外，有一部分的原因則是受
到經濟因素的影響，因為學校可能為了設置一名諮
商人員而不得不放棄一個教師名額。

　　1970 年代漸漸出現了批評的聲浪，其中，
Richardson（1979）認為，學校「真正」的工作是

負責學童的認知發展，與諮商無法相容。儘管有人並不認同 Richardson 的說法，但是他的文章卻凸顯出根本的議題，特別是有關於諮商的本質、諮商在學校的角色、以及應該由誰負責從事諮商工作等問題。

由於情況漸漸改變，英國在 1977 有 351 名中學諮商人員，到 1987 年銳減至 90 人（Mabey 和 Sorenson 1995）。有一部分的原因是中學經費嚴重緊縮，設置諮商人員似乎有些奢侈；另一方面，教育界逐漸出現一股新的聲浪，認為所有教師都應該具備諮商的技能。在 Egan 的研究問世後，更多人嘗試把諮商技巧運用人際與社交方面的教育課程中。在這種潮流下，對教育與生涯諮商的重視漸漸取代了個人諮商。

儘管人際與社交教育（PSE，personal and social education）或人際與社會發展（PSD，personal and social development）有其重要性與效果，但由於老師發現仍有必要針對個別學生加以回應，因此近年來一對一式的諮商似乎有捲土重來之勢。教師在學校面臨的問題，漸漸使他們體認自己的訓練不足，以致於無法提供學生所需之服務。目

前的重點則在於使教師具備基本的諮商技巧，目的
並非在於使教師成為專業的諮商人員，而是使其更
有效地扮演輔導者的角色，並且有能力辨識哪些問
題需要進一步請教專業人士或機構。教師必須透過
訓練，培養評估問題層次的能力，以便善盡自己能
力範圍內的職責，且不致承受過度的工作壓力或甚
至對學生造成傷害。

究竟什麼是諮商？什麼不是諮商？學校應該做
些什麼？這些問題無疑導致相當多的疑惑。要回答
這個問題，首先必須了解教師的職權範圍。對此，
在 1988 年教育改革法案第五節中聲明，學校具有
法定責任發展一套課程，該課程應能「促進學校及
社會的學生在精神上、道德上、文化上、心智上及
體能上之發展，並且為學生準備進入成人生活所需
之機會、責任與經驗」，因此可說兼具福利功能與
教育功能。

Ribbins 和 Best（1985 ：22）為此福利功能或
輔導教養要素做出如下之實用定義：「輔導教養有
四個彼此相關的面向（紀律／命令、福利／輔導、
學業／課程、行政／組織）」。這個定義突顯出教師
角色的複雜性，以及各種面向之間的潛在衝突，特

別是在福利與紀律之間的矛盾。這是一個非常重要的觀點，我將在第四章的界線一節深入討論。如前所述，學生在精神、道德、文化、心智或體能發展方面的需求，有時候可以透過課程的規劃而獲得，但是整個學校的風氣也是一個重要的因素。學生、教師、制度之間的互動，可以使學校教育發揮更大的效果。如 Rudduck（1996 ： 1）等人所說：

　　雖然教師大多扮演支持、啟發、無私的協助者角色，但是所有中等學校的學習情況並未充分地考量青少年的社會成熟度，也沒有考慮到他們在學生身分下，面對社交與人際生活的要求時所承受的緊張與壓力。

　　每個學校機構都應該思考自己的風氣，設法確認自己是否提供了一個符合整體學生與個別學生需求的環境。針對這一點，學校必須就其所制定之各項政策—包括校園暴力、種族與性別騷擾、毒品、酒精、吸煙等，加以審慎考量。有些問題必須在個人層次上加以解決，但是有些問題卻屬於教育方式的層次，必須透過課程的安排來處理（例如校園暴

力或騷擾）。藉著 PSE 或 PSD 課程之實施，學校可以建立一個安全而健康的環境。在 PSD 課程中，老師可以透過論文、實習或討論的方式探索人際、道德或社會議題。

　　然而，雖然學校的整體風氣是值得關注的議題，學校政策與 PSD 課程的效果，也不應忽略個別學生的需要，而這仍然是一個令人困惑且備受爭議的主題，問題就出在如何才能真正地了解、符合個別學生的需求，以及應該由誰來滿足這些需求。在過去，論者認為老師的角色最適合擔任這個工作，因為在校園中，老師和學生是關係最為密切，應該比其他人更了解學生的狀況，因此才會有人說「每個老師都是諮商者」（every teacher a counselor，Arbuckle 1950：9）。然而，有趣的是，Arbuckle 後來改變這個說法：「我是第一個用『教師─諮商者』（teacher-counselor）一詞來寫書的人。不過，從那以後，我很清楚地發現一個人是不可能分飾這兩種角色的。」他接著又提到：「不管從他的教育訓練或知識來說，老師不是諮商者，也不是心理治療師。要說老師的功能與實際的諮商關係有所牽連，實在是令人質疑。」（Arbuckle 1996：158）。

在此，Arbuckle 提出一個重要的觀點，即諮商者和當事人之間的關係。簡單的說，亦即師生之間的關係和諮商者與其當事人之間的關係是不一樣的；這兩組關係在保密性、界線、契約本質等方面都呈現了差異性（詳見第四章關於專業界限與保密性之說明）。

　　整個問題的核心在於人們對於諮商之本質、治療關係之本質、諮商之目的與界線的重要性等問題，並沒有清楚的認識。Patterson（1971：87）指出人們對於諮商經常有如下的誤解：

　　　　如果諮商只是為了提供資訊或建議、或解決他人的問題，那麼，諮商工作者可能需要對當事人有非常深入的認識。然而，在諮商關係中，諮商者事實上是透過當事人的自我認知與其對外界的理解，來了解當事人；這樣的理解方式未必需要知道很多實際的資訊。

　　有些爭議集中在類似資源、時間、訓練、適當的諮商空間等實際層面的問題，但是更基本而重要的是個人的合適性以及對於諮商本質的理解。

就這一點來說，我們不妨思索幾個有關於諮商的定義，並且了解諮商和諮商技巧的運用之間有何差異。過去幾年來，由於對諮商的誤解和混淆，使很多人認為任何人都可以從事諮商工作。這樣的說法顯然有失嚴謹。如 Keppers（1956）所說：「雖然好的老師通常都善於進行諮商，但這並不表示所有的老師都可以提供好的諮商。」因此，任何人都可以提供諮商的說法，實在低估了諮商者的技巧，也貶低了她被賦予的責任。

諮商的定義

早期對於諮商的定義，有一部分反映了源自猶太教和基督教對於諮商的基本價值觀，亦即強調諮商在提供建議方面的功能。然而，這種定義既不夠充分，也不大恰當，而且可能還比較適合用來定義律師的角色，因為人們通常希望律師提供「好建議」。從精神分析理論（弗洛伊德）中發展出來的諮商，在 1950 年代由全國婚姻輔導諮詢協會（National Marriage Guidance Council，即今日的關

係協會，Relate）引進英國。

　　精神分析和心理治療雖然早在廿世紀初就已經出現，並且被歸類在心理學中的人文學派，其中，Carl Rogers 的作品與研究對於諮商活動的興起有深遠的影響（見延伸閱讀），而後的行為學派也對諮商具有相當的影響力（Skinner (1953)；Watson (1924)）。隨後，許多理論學家更發展不同的治療方式，使諮商領域更形豐富。

　　有些諮商的定義將重心放在諮商的歷程與諮商關係雙方的互動。舉例來說，Jones（1970：10）認為諮商是「一個『使能』（enabling）的歷程，係為了幫助個體面對生活的真貌，透過學習如何承擔責任與自我決定，使其達到更高的成熟度。」而Williams（1970：10）也認為「諮商的歷程，不但是行為的分擔，也是經驗的分享，藉著建立信賴與信心，使我們為自己所建構的防禦圍牆，一磚一瓦地逐漸瓦解。」

　　還有些定義強調諮商者與當事人之關係，以及諮商在解決問題上的本質。舉例而言，全國心理健康協會（National Association of Mental Health，1970：第2.11段）將諮商定義如下：「諮商是兩個

人之間的關係，其中一個人需要機會談論自己的問題，而另一個人則須具備高度的敏銳與成熟度，辨識問題的不安性與衝突性，並且有充分的知識和技能可以解決問題，或是至少能夠協助當事人適應困難的處境。」其他的定義還包括了諮商的基本價值觀、諮商目標、援助關係的本質和歷程，還有些定義因為過於冗長而顯得不夠實用。英國諮商協會（British Association for Counselling, BAC）則清楚地將諮商定義如下：「諮商涉及的是以清楚而一致的界線、隱私權的保證和保密原則，審慎地承擔契約。它需要明確而清晰的協議。」（BAC 1998：第3.2段）

在諮商文獻中，「諮商」一詞和「心理治療」都被使用；然而，對於這兩個詞的使用，一直都有很大的爭議。有些作者將它們當成可以互換的同義詞；有些人則是以連續譜（continuum）的概念來區分，認為諮商與心理治療分別位於此一連續譜的兩端；也有人認為兩者根本不同，因為心理治療往往牽涉了性格的改變。英國諮商協會指出，關於兩者之間的差異性並沒有多數同意的通說，因此一律採用「諮商」。本書選擇使用「諮商」一詞，而只

有在直接的引述中才會用到「心理治療」。

　　另一個容易混淆的問題是，諮商人員和那些在工作上可能需要用到諮商技巧的人（如教師、護士、社工人員、輔導老師、部門經理或人事專員），兩者之間有何差異。根據英國諮商協會（1999：B）的說明，諮商技巧係「刻意利用特定且得以反映出諮商價值的人際技巧，而此技巧的實踐者之主要角色不因此而改變，但卻有提升之效果；而接受者會認為非諮商人員的實踐者係在行使其主要專業職權／照護範圍內之行為。」

　　另一個區別則在於兩者的目標不同。諮商者的目標是「尊重當事人的價值觀、個人資源及其在所處文化脈絡中的選擇能力，以此尊重的態度幫助當事人」（BAC 1998：第3.1段）；而對於運用諮商技巧的實務者而言，目的則在於「為當事人提供最有利的服務」（BAC 1999：B）。在此，有一些潛在的衝突。有時候當事人最大的利益可能和教師的主要角色有所扞格。舉例來說，老師往往必須不斷地轉換自己的角色──有時候是一個好的聆聽者，有時候卻必須扮演紀律處分的執行者。

　　諮商人員與運用諮商技巧者之間的另一個差

異，在於兩者的工作深度。以諮商技巧作為主要角
色的輔助，目的往往是「覺察他人的感覺、想法和
行為，若有適當的時機則可以更深入地探討」
（BAC 1995： C.5），而諮商人員所追求的是「幫助
當事人發掘機會，使其能夠更滿意、更從容地面對
自己所經驗的生活。」（BAC 1998：第3.1段）

　　這些相關的定義皆清楚地揭櫫了諮商工作的基
礎，亦即尊重當事人的價值觀與文化脈絡。對於所
有諮商工作而言，誠實、公平、與尊重，都是最基
本的、最重要的價值觀。老師和諮商人員一樣，都
必須對自己的成見、偏差或刻板印象有所警覺，以
確保自己能夠處於一個沒有差別待遇的立場（見第
四章的自覺）。

　　雖然諮商人員和運用諮商技巧的工作者共享了
誠實、公正、尊重的價值觀，並且都必須盡量讓自
己站在一個無差別待遇的立場，不過，兩者在保密
原則、責任、契約、界線和關係等方面，卻有所區
別。對老師的角色來說，保密原則又格外重要。不
管是諮商人員或運用諮商技巧的老師，皆必須在高
度的期待與標準之下，建立諮商工作必須具備的信
賴感。因此，他們必須在一開始就釐清哪些情況適

用保密原則。對老師來說，保密原則必須「和其主要的專業或工作角色保持協調之關係」，而且「明確地表達保密原則之所有限制」（BAC 1999：C.3）。當學生想要揭發有關性侵害或受虐的事實、或希望討論避孕問題時，保密原則顯然非常重要（見第六章之保密原則）。

　　英國諮商協會制定的兩套規範之間（《諮商人員之道德與實務規範》（1998）與《運用諮商技巧之工作者的道德與實務指導規範》（1999）），還呈現了諮商人員與運用諮商技巧者之間的其他差異，不過最後我們只針對能力與訓練加以探討。這兩套規範清楚地揭示，不管是諮商人員，或是運用諮商技巧者，都應該在自己的能力範圍內行事。諮商者必須檢測、發展自己的能力，並且定期而持續地加以監督；另一方面，雖然教師也需要確認自己在諮商技巧上的訓練是否適用於其所從事之工作，而與諮商技巧有關的規範則只是「強烈建議」進行監督。

結論

多年以來，對於學生福祉的照顧以及正式教育的授與，都是教學工作中的重要面向。在過去，輔導工作是教師職責的一部分，這項工作逐漸援用了專門的諮商技巧，近來更傾向於主張所有教師都應當具備諮商技巧。很多教師都有參與輔導工作的機會，學習諮商技巧將有助於輔導效果的提升。在接下來的兩個章節中，我將說明教師在輔導歷程中可以採用的兩個技巧：聆聽與回應。

第二章

傾聽的技巧

　　很多諮商的入門課程都會納入以技能爲基礎的元素，這些元素經常奠基於微型訓練模式（micro-training model）。微型訓練源自於美國1960年代後期的微型教學課程，參加課程的老師針對某種特定的技巧，以一個小班級爲對象，實習大約五至廿五分鐘以後再和指導者一同檢討成果。後來這個方式被拿來運用在諮商技巧的訓練上，並且得到很好的效果。

　　微型訓練模式把複雜的人類行爲切割成不連續的行爲單元，每一個單元都必須藉著說明、實習、觀察、回饋等方式達到教學的目的。受訓者必須重複地進行這些活動，直到具備了應付每一個行爲單元的能力爲止。微型訓練模式以行爲科學爲基礎，

其中，模式化（modeling）是很重要的一項因子。儘管以行為科學為根源，但是許多技巧的教學並不需特別強調理論性的模式，以便適用於各種不同的情境與脈絡，例如醫院的護士或學校的教師。不過，雖然微型訓練模式的運用範圍很廣泛，但是訓練者也體認到它的侷限，尤其當人們忽略了文化因素時，更可能使其陷入困境。

諮商的技巧或通用詞彙並沒有一套標準分類，不過有些作者企圖將輔導技巧加以分類，例如了解的技巧、安慰或危機利用（crisis utilization）的技巧、正面行為的技巧（Brammer 1976）。也有作者為輔導歷程建立階段性的模式，指出每個階段分別需要運用哪些技巧（例如 Egan 、 Carkhuff 、 Hamblin 、 Richard Nelson-Johns，其中又以 Egan 的三階段模式最著名，詳見延伸閱讀）。

所有的輔導方式幾乎都涵括了與表達、發掘與了解感受的相關技巧，但後來人們漸漸發現，不同的方式需要運用不同的技巧。以下的技巧與準則係根據 Jacob（1999）的分類而來，嚴格來說，有些準則談的並非特定技巧，而是提醒輔導者應該避免的注意事項。

傾聽的原則

　　乍看之下，傾聽似乎是被動的行為，但事實上卻是一個主動的歷程。這指的是全心全意的聆聽—聽者必須拋開先入為主的想法，不要心不在焉地想著自己等一下要打一通電話、要趕著去開會或是急著和誰見面等。教師的小動作—例如看一下手錶、抓一抓鑰匙、甚至變換坐姿，都會流露出自己的不專心。如果她心裡急著去辦其他事情，表現出來的樣子很容易讓學生以為她不是真的有興趣要聽自己說話。此時，教師不如坦白一些，讓學生知道再過十分鐘她就要上課或是開會，並且告訴學生她很樂意再找時間詳細談談，請學生晚一點再來。

　　在一般的談話中，人們很容易只挑自己有興趣的事情來聽，但是這些事情對說話者而言並不見得是最重要的。有時候人們太專注於思考自己應該如何回應，以致於沒有把別人的話聽進去。就諮商而言，它並不是一種對話的情境。諮商情境的節奏非常緩慢，特別是在剛開始的階段，聆聽的時間會多

於回應。Rogers （1951 ： 349）中肯地指出：「少了專心，就無法瞭解，更無從產生溝通。集中精神地注意別人，對大多數的人來說顯然很難，他們通常會想著等對方說完以後自己應該說什麼。」人們其實很少真正聆聽別人說話，但很多學生最希望的是別人（老師、父母或朋友）只要聽他們說話、不要總是急著打斷他們的話。聆聽者往往顧著思索自己應該如何回應或是想到什麼的時候就趕緊插嘴，而說話者卻因此備感挫折。

有一些因素導致人們無法傾聽。其中一個是來自於外界的干擾，另一個則是內在的注意力分散。外界的干擾可能包括在門口等候者所製造的噪音、上下課鐘聲響起、電話鈴聲或是隔壁房間的聲音等。事先刻意的安排可以減低這類外在因素的影響，例如，找一個安靜而適當的環境、暫停來電鈴聲、在門外掛上請勿打擾的標示等（詳見第四章的實際準備部分）。

內在的注意力分散比較不容易處理，因為這涉及自我覺察（self-awareness）的程度。除了其他的任務讓自己掛心以外（如會議或和同事的約會），如果教師覺得疲倦或不適，或是只關心某個特定的

問題、對說話者加以評斷或是不想討論這樣的主題，也將使其無法真正傾聽別人的心聲。有些談話內容可能令教師覺得尷尬、不悅或無法溝通，但是如果她因此坐立難安地試著改變話題，很容易就流露出焦慮。即使教師沒有明確地說些什麼，學生很容易就能察覺她的異樣。因此，學生可能會說：「我感覺得出來，她不是真的在聽」；或是「我看得出來她並不真的想聽我說話。」（詳見第四章之自我覺察）。

　　說話速度與思考速度之間的差距，也會妨礙了全心全意的傾聽。人們一般的說話速度大約是每分鐘150至250個字，但是思考的速度則快了三倍。這意味著人們在對話中會不斷地調整頻率。這種選擇性的頻率在諮商中或運用諮商技巧時是不恰當的，因為個人的偏差可能對訊息進行過濾，而諮商的目標卻是把每一件事都聽近耳朵裡。如Egan（1975：69）所說，「真正的傾聽是（諮商者）準確共鳴（empathy）的基石」。

　　有些作者認為，諮商者必須學習發展「自由流動的注意力」（free floating attention），或具有把所有訊息盡收耳中的能力，從聆聽字字句句、絃外之

音、**聲量**、音高、腔調、語氣，到觀察面部表情、肢體動作或眼神接觸，都可以從中獲得珍貴的線索，以瞭解學生的感覺。因此，如果教師凝神傾聽，自然較能接收完整的訊息。

如果教師專心地傾聽，她也比較能夠為討論的主題理出頭緒。這些主題是教師與學生們最關心的問題。Carkhuff 和 Pierce（1975：39）表示：「說話者會不斷地用不同的方式說同一件事。說話者講的這些主題告訴我們他和世界的關係。如果我們願意給說話者機會，他會告訴我們他最深處的想法。」

有些微型技巧訓練模式將「傾聽」劃分成三個細部行為，包括注視當事人並與其進行眼神接觸、放鬆心情與姿勢、讓對方知道自己的確在聽等。研究結果發現，這三個因子結合以後，對於當事人表達自我情感，有顯著的加強與鼓勵作用。

記住學生的話

教師在聆聽時的記憶力會比開口說話時還要好。當她傾聽學生說話的時候，可以記得更多重要

的細節、特定的話語或相關的名字，因此，在回應
的時候，她可以藉由正確地提及這些重要細節，表
達自己的關切與用心。如果老師弄不清楚哪個學生
是什麼名字、忘記學生曾經跟她說過的事情，很難
讓學生感受到關心。因此，教師不如告訴學生，自
己的記憶力不大好，有些細節可能需要學生再提醒
一次，絕對不要試著在面談或諮商的歷程中，含糊
不清地敷衍了事。

傾聽弦外之音

　　通常人們能夠處理一些直接而明確的情緒，例
如，悲傷本身是很單純的情緒，但是如果悲傷又夾
雜著罪惡感，或是一種如釋重負的感覺，恐怕就比
較難應付了。學生莎拉可能說她必須讓她的小狗安
樂死：「牠很老了，這麼做是出於好意。」莎拉的
話表示她正在合理化這件事情。她說這是「出於好
意」，但是，對誰好？她的父母？小狗？在沙拉的
話裡，雖然特別指出小狗年紀大了，卻沒有說到牠
是一隻多可愛的小狗、大家曾經多麼寵愛牠、以後
會有多麼想念牠。另外，莎拉的感受可能很複雜，

但是她卻沒有把所有重要的感覺全部表達出來，例如她可能覺得很愧疚，因為她最近只顧著和朋友們在一起，以致於忽略了牠。總之，沙拉真正的感覺是既難過又歉疚，但是這些感覺很可能被忽略。

保羅的祖父剛過世，但是他說：「他也算是壽終正寢了。」他的話可能沒有顯示任何失落感。對保羅來說，或許他不知道如何表達悲傷，所以選擇逃避；也或許他覺得自己不能哭，因為從小就被教導男孩子不應該哭。他的感受可能因為罪惡感而變得更複雜—因為在祖父過世前，保羅有好一段時間都沒有去看他。此時，教師最重要的任務之一，便是瞭解那些沒有明確說出來的感受。

瑞秋最好的朋友將要去參加郡盃曲棍球賽，而瑞秋自己可能在下一個球季會獲選參賽。一方面，瑞秋真心地為好朋友感到高興，另一方面，對於自己這次未能獲選也覺得非常失望。但是她認為自己絕不能表現出失望的樣子，因為這樣似乎不是好朋友的表現；她也可能覺得有些忌妒，但是這種情緒令她覺得不愉快而困擾。

有時候，學生聲音語調的變化、突如其來的表情或是看來似乎心口不一的表現，都會洩露出內心

的潛在衝突。舉例來說，馬丁可能說他的朋友都要去參加星期六的比賽，然後他笑了笑，很快地說他並不在乎自己能不能去，因為反正這場比賽輸定了。他表現出看不起這場球賽的樣子，不去面對真正的感受。此時，教師有必要瞭解馬丁對於自己不去參加比賽到底有什麼感覺；事實上，他可能是為了逃避朋友們的排斥。

　　傾聽，不僅要聽到全部談話的實質內容，更要留心一些沒有說得很清楚、卻隱隱約約露出端倪的訊息。如果教師可以回應學生心靈深處的感受，就能產生彼此間的共鳴。對學生來說，感覺自己被人傾聽、被人瞭解，是一種非常強烈而深刻的經驗。

注意非語言的溝通

　　當學生和老師見面的時候，如果觀察他們敲門、走進房間、坐在椅子上的方式，或注意其穿著、儀容、面部表情肢體動作、手勢、態度等，老師可以得到很多重要的訊息。有的學生可能很大聲地敲門、大步地走進房間、有自信地坐下；有的學生可能輕輕敲門、在門口遲疑一會兒才緩緩地坐

下。再以脫下外套這個行為來看，有的學生可能會
胡亂地把外套捲成一團，有的可能會緊緊地抓著不
放，有的可能會把外套折好以後放在膝蓋上。有的
學生跼促不安，有的學生泰然自若。這些訊息都有
助於教師瞭解每一個學生的感受。因此，有人說一
半以上的溝通並不是透過語言完成，這種看法並不
令人訝異。在Mehrabian（1971：43）的經典研究
中，他將人類的溝通做了如下的統計：

- 只有百分之七的溝通是用語言完成
- 百分之三十八的溝通是透過聲音完成（即聲
  音的語調或抑揚頓挫）
- 百分之五十五的溝通是非語言性

　　非語言的行為通常會與口中所說出來的話語互
相唱和。因此，當安瑪莉快速地說：「我有三個案
子要做，我也得有一些工作經驗，另外，我還要和
生涯規劃的老師見面，然後……」，她除了以非常
急促的口氣說這一串話以外，還做出誇張的手勢。
老師可以感覺得到，安瑪莉的情緒似乎很慌張而不
知所措。安東尼則相反，他慢慢地、用幾乎沒有表

情的聲音說：「我的進度嚴重地落後，我已經放棄了。我不知道現在去上課還有什麼用，去了只會讓我覺得更糟，沒必要這麼麻煩了。」當他這樣說的時候，他低頭看著地板，避免和老師進行眼光的接觸。他看起來鬱鬱寡歡、意志消沉。

　　仔細地觀察學生的語言與非語言性的訊息，將會有不少的發現。人們或許可以選擇自己要講的話，但是卻常常無法控制自己不透露非語言性的訊息。兩者之所以產生差異，是因為說話者想要隱藏某些難以說明或表達的感受。例如，沙帝普可能說：「是的，考試對我來說很輕鬆，我可以處理得很好。沒問題，一切都很好，我一點也不覺得吃力，我可以很順利地按照預定的時間表準備。」但是，當沙帝普說話的時候，他一直搖頭晃腦，不自覺地迴避老師的目光。在這個例子中，教師應該可以覺察到，沙帝普的行為與言語之間存有差異，因此，老師不妨有技巧而客氣地說：「我知道你想跟我說有關考試的一切都很好，不過，或許是我多心，但我想你心裡多少還是有些憂慮。」或許沙帝普會否認，但是至少他有機會進一步談談真正的感受；也許他仍然沒辦法自我揭露；也許他還沒準備

好如何表達自己的感受。但是至少老師並未斬釘截
鐵地說自己「知道」的感覺，只是試探性地提出建
議，因此，或許過一段時間以後，沙帝普會決定再
來找老師，坦白地談一談自己的焦慮。

　　非語言性的溝通可以分成很多元素，亦即身體
的姿勢、手勢、面部表情和目光接觸、聲音的語調
等。不同文化之間雖然有差異性，但也會有相似之
處，這是教師們必須時時牢記的觀念。每一種文化
所特有的身體姿勢、眼神接觸方式或身體間的距
離，都傳遞著該文化的規範和意涵。舉例來說，中
東社會允許男人與男人之間的四目相對，但是卻不
容許男人與女人有目光的接觸。此外，在某些印地
安人部落中，持續的目光接觸被視為具有挑釁的意
味。不幸的是，大部分有關諮商的研究都以英美白
人文化為背景，對於跨文化諮商的研究仍然相當匱
乏。

身體姿勢

　　從學生的坐姿或走路的樣子，都可以獲得很多
有用的訊息。舉例來說，琪希在門口徘徊，等候老

師要她坐下的指示。她沒有坐滿整張椅子，並且不斷地擺弄著外套的拉鍊。這時候，教師不妨稍微留意她的緊張，提出建議：「今天要和我見面，你是不是有些擔心？我想跟你解釋一下，我們有半個小時的時間，你可以盡量談談自己的困擾。開始的時候，我會試著仔細地聽。」

突然的姿勢變化並不難察覺。因此，如果學生突然把雙臂交叉放在胸前、往後坐一些、雙腳交叉或平放，這些動作可能意味著學生的感覺已經產生微妙的變化。例如，當琪希嘆了一口氣，又往後靠近椅背一點，可能表示她的心情已經放鬆一些了。然而，如果她開始談到自己的憂慮，心浮氣躁地四處亂看，或是不斷地改變坐勢，她可能正陷入困擾的情緒中，同樣地，你也要觀察到她的情緒變化：「琪希，你講到家裡的事情時，好像很焦慮。我在想，是不是有什麼事情讓你覺得很困擾？」

動作和面部表情

雖然動作和手勢常常是種族或文化的產物，但是有些動作卻是全世界人類共通的語言。人們快樂

的時候，自然會微笑；生氣的時候皺眉頭；如果聳聳肩，表示不知道或不瞭解。這些動作並不需要特別教導，而是透過社會化的歷程讓人們自然而然就學會。根據Ekman（1972）等人的研究，人類有七十六個共通、彼此可理解的動作。儘管文化之間有相似性，但是也有極大的差異性，因此，和來自於不同文化背景的學生或團體相處時，要特別考慮文化的因素。

一個動作對某個學生來說，可能很正式，但是另一個學生可能覺得稀鬆平常（例如握手）。行為規範並不是絕對的；因此，琪希會等候老師的指示才坐下，而蘇菲一進門就自動坐下來。有些學生很會利用手勢，他們講起話來總是手舞足蹈；但是有些學生坐在椅子上的時候，總是把雙手緊緊地貼在膝蓋上。當然，我們強調的並不是動作的本身，而是動作背後的意涵。老師可能發現馬丁在講話的時候，身體肌肉顯得很緊繃，而且緊握著拳頭。此時，老師可以說：「我覺得當你提到你繼父的時候，你好像有些生氣。你是不是這麼覺得？」

一個世紀以前，達爾文（1872）為情緒的面部類型（facial pattern）奠定理論與研究之基礎。後

來，關於面部類型的研究發現，所有文化的面部類型都非常類似。文化之間的差異往往在於對「展現」的規範有所不同，也就是關於哪些事物可以表現、哪些則不宜展露的看法。舉例來說，在日本文化中，悲傷與憤怒的情緒都必須加以隱藏；英國的男孩或年輕男性很忌諱掉眼淚，也不輕易表達感受。

　　在學校，很多孩子都必須適應不同的文化，但是，主流文化一定要努力去學習、理解各文化之間的相似性與差異性，這是很重要的。以回教文化為例，穆斯林的女孩子可能出於敬重，因此不願意與人交換目光；但以英國人的觀點來看，可能會覺得這個女孩真是沒有禮貌。同樣地，人與人之間應該保持哪一種身體上的距離，不同文化也有不同看法，適當的身體距離可能非常親近，也可能很疏離。對英國、澳洲、紐西蘭、美國北部或加拿大的中產階級白人來說，對於適當的身體距離看法較類似，而且端視彼此之間的熟識程度而定。相反地，對拉丁美洲地區的國家來說，人們普遍接受較親密的身體距離，很多英國白人可能沒有辦法接受這種尺度。

　　微笑，是最重要的臉部表情之一，因為它代表

的是興趣、善意和好感，雖然有時候微笑也可能有虛偽的成分。人們如果皺了皺眉頭，可能有不悅的意思，但是，當人們試著瞭解某件事或覺得困惑時，也可能會有皺眉的反應。其他的臉部表情還包括咬咬嘴唇、臉紅、蒼白等。人們通常不會特別自覺到自己的面部表情，因此，教師們要記得，不是只有自己會觀察學生的行為，學生也會反過來觀察老師！

　　眼睛可以透露很多心底的秘密。根據 Argyle（1983：82）的看法，人們在說話的時候，通常有三分之一的時間會和交談對象保持目光的接觸；而人們在傾聽的時候，和對方目光接觸的時間則較說話時多出將近一倍。在諮商的歷程中，教師除了和學生保持間歇性的目光接觸、表示自己正在聆聽以外，偶而也要看看別的地方，以避免過度的注視使學生覺得不自在。

　　面對視覺障礙的學生，教師們必須瞭解，彼此係以聲音作為溝通媒介，而非其他的視覺元素，就像在電話中交談一樣。至今有關視覺障礙學生諮商的研究可說寥寥無幾，不過其中有一個研究指出，臉部表情是需要練習的內在歷程；視覺障礙者的臉

部表情比一般人要來得不明顯，從他們的臉上所得
到訊息也比較少，因此，教師應該多注意他們說話
的語調或聲量。雖然臉部表情是很重要的資訊來
源，但是卻不是唯一的來源。最重要的是，教師們
應該要記住：未透過言語表達的訊息，可能在各種
不同的非語言形式中露出蛛絲馬跡。

　　人們的感受也會反映在說話的速度、嘆息的頻
率、聲音的語調上。舉例來說，一個意志消沉的人
會用較慢的速度、較低頻的聲音說話；焦躁而憂慮
的人說話速度很快，不規律地提高聲音，也可能在
說話中帶著喘息聲、不斷地說錯很多字。有些人的
聲音響亮到幾乎令人覺得刺耳，有些人則輕柔而動
聽。講到某些主題時，音量的變化也會透露很重要
的情感意涵。講話速度快會讓人覺得說話者很緊
張；講話速度慢則可能是因為沮喪。在談到某個主
題時突然改變聲音也是很重要的訊息。因此，
Argyle（1983）說，人們常常可以從聲音裡察覺他
人的情緒，而聲音甚至比臉部還容易洩漏出秘密。

　　學會解讀、詮釋非語言的溝通訊息是沒有捷徑
的。儘管有一些經驗法則可以作為參考，不過，要
記得的是，詮釋非語言訊息的方法不只一種，理解

非語言訊息的關鍵在於掌握諮商的脈絡與情境。要
使諮商發揮效果，輔導者必須聆聽整個溝通內容，
並且檢驗自己對情境的認知是否正確。

傾聽自己的聲音

有時這也稱為用第三隻耳朵傾聽（Reik
1948），指的是自我利用的能力，不過這並不是指
自我揭露（見第四章的自我揭露），而是指試著想
像他人的感受，以便設身處地與之產生共鳴。當老
師聽到狄恩說「我的作業還沒寫完，可不可以晚一
點交」的時候，她必須決定自己要以什麼態度來面
對狄恩。她可能覺得狄恩實在很不應該，也可能懷
疑狄恩做事是不是很沒有系統；或許她認為已經給
狄恩足夠的時間了，所以決定不讓狄恩有延後交件
的機會。另一方面，老師也可能在責難之前想到
「或許狄恩有正當的理由或需要協助」，所以應該先
給他解釋的機會，所以她說：「可以告訴我問題在
哪裡嗎？我再看看有沒有辦法幫你？」

上述教師所說的話，表達了她願意聽聽狄恩的
理由。有些「理由」可能只是藉口，但是如果老師

眞的想要幫助這個學生，與其責備他沒有效率，還不如把握這個機會提升學生的學習技能。批評，可能使教師獲得暫時的滿足感，但是對狄恩卻沒有一點好處，反而可能使他以後再也不想和老師們打交道了。

　　如果老師和狄恩進一步交談，可能會發現他承受很多來自於家庭的壓力。他家或許有了一個新生兒，使狄恩必須負擔較多家務；他家可能沒有一個安靜的地方或桌椅讓他可以專心寫功課；也可能他的家人一點也不鼓勵他讀書。教師一定要試著體會狄恩在這種環境下的感受，想像如果自己是狄恩——她可能對離家出走的父親到氣憤，很生氣母親讓她承擔太多責任，而更糟的是竟然沒有人瞭解她的苦衷，讓她感到既難過又憤怒。這種「想像」或「感同身受」是建立雙方共鳴的第一步（見第三章共鳴的瞭解）。

坦然面對暫停與沉默

　　沉默的意涵很豐富，這也是爲什麼有各式各樣的研究探討沉默的複雜性（Harper 等 1978）。研究

者認為，沉默並不是代表回應的匱乏，而是一種很複雜的人類互動模式。Brammer 和 Shostrom（1968）指出，沉默有其正面的價值。他們發現，沉默可以幫助人們開口說話，讓當事者思考、自覺，並且降低溝通歷程的步調。

Jacob（1999）曾經提過一項很有趣的研究，該研究發現老師問學生問題時，通常只給他們0.7秒的時間反應，以致於只有反應比較快的學生來得及回答問題，其他學生雖然知道答案，但是卻需要花些時間重組，所以就讓反應比較快的學生佔了上風。如果教師多給學生一些時間，學生參與度也會有顯著的提升。

在一般性的談話中，打斷別人的話是司空見慣的事；但是在諮商時，教師應該要善用暫停與沉默，使說話者和聆聽者都有仔細思考的機會。以珍的例子來說，她和老師有約，但是一見到老師的時候卻悶不吭聲，雖然老師很想要找個主題或提出問題，不過，在這種時候最好先等一下，必要的時候，再針對珍的猶豫不決說：「你是不是在想，應該要從何說起。沒關係，你可以慢慢想，想到了再跟我說。」藉由這種方式，老師比較可能引導珍開

口說出她的問題。

有些孩子可能不太善於面對冗長的沉默。沉默只是諮商的技巧之一，必須依狀況斟酌是否適用。諮商的歷程容許暫時的沉默或暫停，但是這種沉默或暫停卻不應該令人覺得不自在。如果等了一分鐘，老師可以跟珍說：「你可能覺得不知從何說起。」或是：「要跟我談父母分居的事，是不是讓妳覺得很困難？」當彼此討論到比較令人難過的問題時，珍可能顯得很煩惱，此時老師可以說：「我能想像，現在你在家裡一定覺得很痛苦。但是你一定很害怕這麼說會讓你覺得自己有愧於父母。」這麼做的目的是表達理解與同情之意，使珍願意進一步地探索自己的感受。

不管何時，教師們都應該評估學生為什麼保持沉默。有時候，這是因為學生正在思考剛剛討論的內容，但是也可能意味著害怕、生氣、無聊、尊敬、難為情或傷心。教師可以藉著觀察非語言的訊息來評估沉默的意涵。有時候，老師只要問問學生是不是覺得緊張、擔心、生氣或難過，就可以鼓勵學生開口說話；不過，有時候教師必須先取得學生的信賴，才能使學生有安全感、願意敞開心胸說

話。教師不妨直截了當地問學生是否有這方面的遲
疑：「我在想，你是不是覺得要對我說出真正的感
覺似乎有些困難，因為你不知道我到底值不值得信
任。」「我在想，你是不是很不情願來見我，所以
什麼都不想跟我說？你會這麼覺得嗎？」

有時候沉默是因為誤解而產生，所以有必要加
以釐清。如果聆聽者和說話者之間有足夠的默契，
她能感受得到沉默，也能推測沉默的原因。老師本
身也應該自在地面對沉默的時刻，因為，當她沉默
的時候，就表示她說：「我在聽。我不認為需要刻
意避免沉默，我會給你一些思索的空間。」但是，
如果老師急著以言語填滿沉默，就好像在說：「我
不喜歡沉默。沉默讓我覺得很不自在，我並不是真
的關心你的感受。」

學生可能把老師的沉默解讀成不以為然，特別
是當他們做了一些自我揭露、焦慮地等待老師的回
應時。如果提姆對老師表示他有性別認同的困擾，
他或許會有所顧忌，擔心自己講太多讓老師對同性
戀產生厭惡感。沉默也可能令人覺得喪氣或否定。
給予適當的鼓勵是比較好的方法，因此，教師不妨
說：「也許你很難開口跟我分享你對於性的感受，

你會不會覺得，就算說了我也不能了解？」在這種情況下，老師本身必須對於性的話題覺得很坦然，而不要以有色的眼光妄下評斷。如果教師覺得這些話題讓她很不自在，那麼最好建議提姆和其他人談一談。老師可以告訴提姆：「或許我不是很適合和你談這個問題，你要不要試著跟學校的諮商人員談談？」或「我想一想你跟我說的話，但是我在這方面的經驗或知識可能不是很夠，但是我很樂意聽你說，你也可以考慮和比較了解這方面問題的人談一談。你覺得怎麼樣？」處理這種狀況時要格外小心，以免讓提姆覺得自己受到排斥（見第五章的轉介介紹）。另外，在上述的例子中，如果學校裡面根本沒有適當的人可以和提姆談，這就涉及了代理人的問題，可能的代理人選包括全科醫師（GP）、醫務室或生命線等。如果對提姆說「我想這只是過渡階段，你很快就能夠成長」之類的話，可能一點幫助都沒有，因為這種話只會凸顯出教師自己的不自在和對提姆的漠不關心。事實上，提姆很可能只是對自己的性別認同感到困惑，他未必是同性戀者。在這種時候，教師應該表現出對其處境的了解，而非視而不見。

　　研究顯示，正在受訓或學習諮商技巧的人，常常會打斷當事人的話，但是有經驗的諮商者卻會在當事人說完以後數秒鐘才做出回應。或許這是因為正在受訓的人急於表現，但是過於求好心切卻會干擾他們的回應、打亂諮商進行的步調。教師應該在一開始的諮商課程中就讓學生習慣面對短暫的沉默時刻。如果從第一堂諮商課程開始，教師總是急著將學生從暫時的沉默中「解救」出來，恐怕就會成為慣例，使學生一旦面對沉默時就顯得手足無措。

　　聆聽者太快作出回應、改變討論方向，甚至轉變話題，這是很危險的做法。在某些情況下，如果說話者陷入沉默，或是突然變得不大想說話的時候，教師可以問：「你現在覺得怎樣？」藉由這個問題，可以幫助說話者自覺到思緒上的轉變，喚起她某些願意和老師分享的記憶。

放鬆，保持冷靜

　　老師的行為舉止和外在的物理環境應該盡可能令人覺得平靜。為了避免諮商中斷，除了要讓外在的環境或擺設免於外界干擾以外，不管傾訴者說的

話有多麼令人沮喪，都應該讓整個情境維持一種冷靜的面貌。唯有這樣才能夠包容情緒，證明情緒是可以加以控制與管理的。舉例來說，蒂娜懷孕了，她表示自己覺得很糟糕、很惶恐、很害怕、也很困惑。老師在提出建議之前的任務是傾聽、深入了解蒂娜的感受，此時可能連老師自己都又煩惱又憂心，因此，她必須先抑制自己的情緒，才能幫助蒂娜釐清感受，最後，再一同尋求解決方式。蒂娜可能很害怕老師會責備她、對自己的下一步感到茫然，所以有種走投無路的感覺；此時，來自於老師、沒有壓力的關懷，必定能夠拉她一把。

　　老師可以對蒂娜說：「沒關係，蒂娜，讓我們一起來想想。也許你可以告訴我多一點細節。」接著，試著詢問蒂娜一些關於男友和父母的事情：「在我們決定下一步該怎麼做之前，如果你可以告訴我關於你的父母和男友的事，應該會有助於我們解決這個問題。」過一會兒，老師可以繼續說：「你已經告訴我你覺得你的父母可能會有的反應，不過，我很想知道你對於自己懷孕一事有何看法？」老師可以進一步地探索蒂娜心中的取捨為何：「我想知道，到目前為止，你對於懷孕有什麼

感覺？」讓蒂娜自己做決定是非常重要的事，如果
蒂娜感覺到老師好像覺得某個做法比另一個做法來
得好，她可能會受到影響，使決定的歷程更加複
雜。在這種時刻，老師一定要對自己的反應保持高
度警覺，透過按部就班的程序，發掘蒂娜心底的想
法，將能夠幫助她謹慎地檢視自己真正的感受。

　　珊卓拉的案例恐怕更棘手了──她遭到性侵害。
這類問題本身的嚴重性與急迫性，往往連教師也因
為恐懼而備感焦慮，因此必須格外小心地處理。老
師應該冷靜應對，並且表達願意傾聽的態度，這是
最重要的任務。她一定要控制好自己的情緒，特別
小心自己的面部表情、肢體動作或姿勢，千萬不要
流露出慌張或不安的樣子。

　　教師保持冷靜的態度，亦有助於面對憤怒的學
生或家長。老師可以對其憤怒表示理解：「我知道
你很生氣，但是如果你可以進一步說明，或許我能
夠了解得更多，甚至幫上一點忙。」藉此，教師表
達願意聆聽的態度，並稀釋憤怒的情緒，以有建設
性的態度來檢視問題癥結。如果對憤怒還以憤怒，
對暴躁還以暴躁，通常只會使問題更加惡化。

　　舉例來說，屈佛的父親──格林先生，在家長會

時大聲抱怨導師沒有好好地監督他兒子的出勤紀錄
和行為表現，導致其成績低落，幾乎每一個學科考
試都不及格。老師可能有一股衝動，想要解釋自己
有多努力地幫助屈佛，但是此時最重要的是試著了
解格林先生的憂心忡忡，然後以建設性的方式來討
論問題。老師可以向格林先生說：「我知道你對這
個情況覺得很生氣，你可能對我處理這件事情的方
式很失望。但是，我在想，我們有沒有可能釐清每
個問題，檢討已經發生的事情，看看未來應該怎麼
做會比較好。」對老師來說，要在公開的場合中面
對暴躁的家長，的確是件很困難的工作；但是，不
管覺得多麼生氣、委屈或難過，老師都一定要保持
冷靜。

結論

　　有些人可能覺得聆聽是一種被動的行為，但事
實上它卻是一種主動的歷程。聆聽，是需要專注與
方法的，它可以透過一系列的技巧或微型訓練而養
成。剛開始這些訓練可能令人覺得過於刻意而造

作，但是最後終會變得再自然不過。教師需要透過
練習與回饋來發展這些技巧。我已經舉出許多例
子，說明適當的聆聽與觀察可以引導教師做出適當
的反應。在協助學生的時候，老師應該如何有技巧
地回應學生？這正是下一章要進一步探討的主題。

第三章

回應的技巧

回應法則

仔細觀察感受

　　將感覺化爲語言，對很多人來說是很困難的，因爲他們沒有足夠的字彙來表達自己的感受。有些人覺得自己很「沮喪」，但是這指的可能是臨床上的憂鬱症，也可能是他們覺得情緒低落或對現狀感到厭倦。同樣地，生氣的程度差異極大，從暴跳如雷、憎惡到些許的惱怒，都可能是生氣。在提供協助時，教師可以藉由釐清某些字彙的意思以及反省彼此對某些字彙的理解是否一致，以尋找、定義感

受或情緒的程度。舉例來說，如果有個學生—李，他說自己很「沮喪」，老師最重要的任務之一就是去了解他為什麼會有這種情緒，而這樣的情緒已經持續多久；如果李告訴老師，自從幾個月前和艾瑪分手以後，他的情緒就一直很沮喪；老師因此得知，他不是只有今天才意志消沉，而是已經有好一段時間了；這兩種情況顯然有別。

教師必須要讓學生覺得自己的話受到聆聽與了解。因此，當珍說她的父母要離婚了，老師可以試著表達理解：「這件事一定讓你非常難過」或「你一定又擔心又煩惱」。當李說到和艾瑪分手的事情時，老師可以說：「我看得出來你很難過。如果你多說一點，會不會覺得舒坦一點？」但是，有些話可是一點幫助也沒有：「唉呀，沒關係啦，你很快就會恢復的。」這種拍著胸脯保證的話常常都只是輔導者的自我安慰，同時也好像在暗示學生這種話題太麻煩，也沒有討論的必要，所以很容易阻礙更進一步的討論。

如果老師說話的時候用錯了「字」，可能導致學生否認某些感受。舉例來說，安瑪莉說她的朋友們沒有邀請她一起參加派對，老師可能對她說：

「我想你可能覺得很生氣。」如果安瑪莉和老師的關係還算親近，她或許願意進一步解釋：「其實，她們沒有跟我說派對的事，我並不真的很生氣，只是有些受傷的感覺。」面對這種情況的時候，老師千萬不要把自己可能的感受加諸於學生身上。所謂的「共鳴」，指的是聆聽者站在對方的立場，試著了解對方的感受，而不是想像自己在那種情況下會有什麼感覺。

　　仔細觀察學生的感受，其目的在於讓自己聚焦在「感覺」，而非僅止於對「內容」的了解（釋意）。如果可以將表達不清的感受變得清晰，不管對老師或學生來說，都有莫大的助益。舉例而言，「你說你覺得厭倦，你想要離家出走，再也不要受你繼父的氣了。不過，我覺得你的聲音聽起來還是有那麼一點猶豫，是不是呢？」藉此，學生可以感受到老師的聆聽與了解；另一方面，如果這只是老師單方面的誤解，也可以很快地獲得釐清。

　　教師如果可以觀察、思考學生的非語言行為，對諮商的進行會很有幫助。她可以對學生說：「珍，妳說妳覺得爸爸媽媽離婚也好，不然他們總是吵吵鬧鬧，弄得家裡面烏煙瘴氣。可是我注意

到，妳說話的時候常常嘆息，似乎還有一些依依不
捨的感覺。或許，妳對他們的決定還是有些感傷
吧？」最後一句話最好以試探性的口吻來說，好讓
珍有機會承認或否認，以便進一步地討論這個主
題。面對安瑪莉的時候，教師可以說：「當妳說妳
的朋友沒有邀請妳一起參加聚會的時候，我發現妳
是笑著說的；不過我也隱約覺得妳眞得很傷心。」
老師是否能夠察覺學生的感受，絕大部分要看她是
否夠敏銳。

　　有時候老師不恰當的反應會封鎖了進一步溝通
的路。當艾沙說，放了幾天假以後回到學校上課，
眞是令人覺得厭煩，如果老師回答：「是啊，我了
解妳的感覺，每次放完聖誕假期以後，我會有這種
感覺。每年總是有這種時候」或「我們多少也都會
這麼覺得，特別是放完假以後」，這對學生並沒有
幫助，因爲一旦老師這麼說，艾沙也就沒什麼機會
進一步說明她對此事的感受。同樣地，提姆說他一
點也不希望放暑假，如果老師的回應是：「喔，不
過我很想放暑假。我可以到處走走，也有時間看些
小說」，不但對提姆沒有幫助，反而可能使他覺得
更糟糕；老師不妨回答：「提姆，那麼你可不可以

告訴我你對暑假的感覺呢？」

　　教師仔細地關照學生的感受，可以了解學生所說的話，並且鼓勵他們多說一些。Rogers（1951：113）生動地描述輔導者試著和當事人站在同一陣線的情境：「在死寂的夜晚中，治療師像在幽暗迷離的森林裡探索，漸漸和當事人變成同伴。治療師的回應像是暗夜裡傳來的回音：我在你身邊嗎？你在這裡嗎？我們在一起嗎？」這種方式在平常的對話中似乎顯得很奇怪，不過諮商技巧採用的對話方式本來就和一般的對話很不一樣。在諮商中，當事人有較大的空間和自由去說話，而輔導者並不大需要陳述自己的經驗。

　　在諮商中經常提到的情緒鏡射（emotional mirrors）是很有幫助的一種比擬方式。如果輔導者不要曲解學生的感受，學生會開始了解自己的想法。舉例來說，老師可以說：「聽起來你真的很討厭你繼父」或「你看起來好像真的很生氣」，但是如果對學生說「唉，我保證你不是真的討厭他」之類的話，這種話好像在告訴學生憎惡是不對的事情，很容易就使學生封口，對諮商的進行恐怕沒有任何幫助。教師最好能夠針對學生的某個情緒感

受，探討其原因並且助其自我了解。如果教師可以體會各種不同感受的真正意涵，將有助於告訴學生：這些都是很正常而且可以加以控制的情緒。

有時候，老師要特別注意學生可能同時有兩種矛盾的情緒，例如愛與恨。老師可以常態化這些混合的感情，使學生可以從困惑與罪惡感中掙脫。例如，老師可以說：「你對母親好像有兩種感覺。在愛她的同時，你卻不喜歡她限制了你的獨立。」讓學生承認並表達這些感覺，可以使他們包容、了解自己為什麼會對週遭某些重要的人事物產生一些複雜反應。

對於感受的觀察經常被視為最困難的技巧之一。文化或性別上的差異會使某些人不願意、不輕易表達自己的感受。這些差異需要受到了解和尊重，為了使他們可以平穩地探索真正的感受，輔導者應該以平常心來看待這些差異。真正的技巧是運用個人的風格和語言，無須回應每一句話，有時候點點頭或一聲「嗯」就夠了。但是，不要讓回應變得千篇一律，才會顯得真實；研究發現，重複性的回應是人們常有的毛病，例如總是說「你覺得、你看起來、我覺得」等類似的話。教師應該選擇適合

學生年齡、能力、經驗的語言，口氣要自然而簡
單，而且不要以恩人的態度自居，也不要用太多複
雜的構句或專業用語。只要能夠感受到老師是真心
想要幫忙與了解，學生就可以容許老師在回應上的
輕微失誤。

共鳴的了解

　　這是所有諮商技巧的中心。如果彼此沒有共
鳴，學生就不會產生自我揭露的動機。做出一個共
鳴性的回應，也意味著對學生的感受和經驗進行積
極的評估。老師無法百分之百地確定學生的感受，
因此，她必須試探地、敏銳地傳達她的同情：「也
許」、「我猜」之類的措辭在此可能派得上用場。
舉例來說，當買珊說她要搬家時，老師可以針對這
件事情談談兩種情緒：「你看起來似乎接受了要搬
家的事實，但是我想你也有點難過？」藉此讓買珊
有機會談到她對搬家的感覺──雖然搬家有很多好
處，但是想到從此要離開從小到大成長的環境，總
還是有些難過。她可能不願意告訴父母，因為他們
是那麼歡天喜地地準備喬遷，此外，她也害怕他們

覺得她又傻又不成熟。

　　不管在任何時候，教師在使用諮商技巧，都應該檢視自己的感受。當莎莉說她和家人又要搬家了，但是這次是搬到另一個城市，所以她必須到另一所學校重新來過。事實上，莎莉才剛剛適應這裡的環境，就要面對另一次的遷徙，的確很難為她。老師可能因此覺得難過，也可能不諒解她的父母，甚至因為莎莉的遭遇而勾起自己過去的遷居或轉學的記憶；她可能覺得搬家是可／不可避免的、令人興奮／緊張的、好的／壞的，但是教師給學生的回應都不應該受到這些個人感受或經驗的影響，而是試著以莎莉的觀點聆聽、了解她的感受。

　　就像賈珊的案例一樣，學生們經常會面對衝突性的忠誠。對她的家人來說，搬家是一件喜事，但是對她來說卻不是這麼回事。莎莉覺得自己沒有權力、也沒有影響力去干涉這件事情，所以只能接受父母的決定。莎莉怕這種想法會讓父母難過，所以她並不敢對他們說出真正的感覺。類似「哇！真好，真令人興奮！」的話對莎莉或賈珊來說都是沒有幫助的；同樣地，老師在這種時候講到自己對搬家的記憶，也不會有什麼效果：「喔，我記得以前

我們搬家的時候，在一堆箱子中生活了好幾個月，
好像永遠都找不到要用的東西。」這種回應看起來
雖然好像是老師樂於和莎莉分享自己的經驗，但
是，這卻不是共鳴—不是以賈珊或莎莉的立場來感
受，反而是讓老師的感受與經驗變成焦點。雖然老
師和學生有類似的經驗，但是這種回應方式並無助
於學生從自己的角度來探索問題。

　　如果老師眞的有必要在對話中提到自己的經
驗，不妨用這種方式來說：「是啊，我知道搬家這
種事。我對搬家的感覺很複雜，那是既快樂又傷感
的事情。你覺得呢？」或「我以前也曾經面對這種
處境，那眞是一種複雜的感覺。」藉此，老師把焦
點重新拉到學生身上，盡量減少學生聽老師說話的
時間。雖然老師曾經有很類似的經驗，但是她和學
生對此經驗的感受未必相同，特別是當學生來自不
同的文化背景時，無論老師多麼努力想要了解學生
的處境，但問題的癥結卻在於—她永遠不可能成為
一個黑人、亞裔、殘疾者、同性戀或男性的感受，
因此，對於事件的感受也無法有完全設身處地的體
會。如果教師對於學生所描述的經驗覺得非常陌
生，要達到精確的共鳴可謂難上加難，此時，仔細

的聆聽是最重要的事情，而不是貿然建立假設或概化學生的經驗。

如果教師並不了解學生所描述的某個情況，但是卻產生了某種情緒—例如失望，她可以說：「有些人對這種事會覺得失望，不知道你的感覺如何？」本質上來說，輔導者做出共鳴的回應，便意味著她一直試著認真而努力地聆聽、了解對方的想法。

提出問題

很多非諮商性質的面談—例如和律師、醫師或生涯規劃顧問的交談，都以一問一答的形式進行，以便在有限的時間內獲得最多的事實資料。雖然在諮商歷程中，也需要獲取相關的資訊，但是，讓當事人表達感受卻比獲取資訊更重要。

當你需要某個特定問題的答案時，可以提出「封閉性」的問題；而「開放性」的問題則有助於進一步的探究與討論。舉例來說，「你打算在大學預科修什麼科目？」是一個有明確答案的封閉性問題，而「放完暑假後，你對於留在學校有什麼看

法？」則是一個開放性的問題，這可以將話題引導至對升學或就業的討論。

如果蜜莉安說她覺得「極度厭倦」，那麼，問她「為什麼」厭倦是一個封閉性的問題，她很可能不知道為什麼，所以就直接回答「不知道」；此時老師不妨提出一個半開放性的問題：「妳這種厭倦的感覺有多久了？」或一個更開放的問題：「妳可以多談一點這種厭倦的感覺嗎？」當蜜莉安說她最近睡很少，總是覺得很疲憊；在這種情況下，如果老師問蜜莉安「是不是因為你最近常常跑出去玩？」或「妳是不是都太晚上床睡覺了？」，並無助於諮商的進行。這種問題令人覺得老師似乎已經知道答案了，同時也有一種批評或責難的意味，好像認為青少年總是喜歡晚睡晚起似的。但是事實很可能是蜜莉安家裡有個新生兒，也可能是因為她對自己的要求過高，或純粹是因為她的意志消沉。老師們要記得自己的角色不是一位醫生，而是要試著了解：學生的問題是否已經持續很久、需不需要請醫師加以治療；或者只是因為壓力或過於熱絡的社交生活所導致的暫時性現象。

如果蜜莉安失眠的問題已經持續了數週，甚至

數個月，老師應該要注意她的父母或醫師是否知道
她有這方面的問題。老師可以問她：「妳有沒有想
過要把這個問題告訴父母或醫師？」或直接告訴
她：「我想妳最好去看醫生」或「妳應該要告訴爸
媽這件事。」說這些話的同時，要特別注意語氣，
學生需要的是鼓勵，而非強硬的指示。老師在提供
建議時要特別小心，因為學生一旦沒有遵循老師的
建議（更何況有時候這種建議不一定正確），下次
她可能就覺得不大好意思再和老師見面或討論問題
（見本章稍後之訊息提供）。

　　如果蜜莉安的問題在於她過於吹毛求疵，老師
可能需要注意蜜莉安的讀書方式，以便了解問題的
嚴重程度。同樣地，在這種情況下問蜜莉安為什麼
花了四個小時的時間寫功課，恐怕一點幫助也沒
有，蜜莉安可能會覺得這些功課本來就得花這麼多
時間。老師可能需要提出幾個封閉性的問題，以釐
清一些事實：「妳每天晚上花多少時間作功課？」
「妳每天都讀書讀到幾點？」或「妳有沒有給自己
一些休息或放鬆的時間？」不過，要注意的是，過
多的問題有時候會導致學生有受到攻擊的感覺。

　　有個法則是盡量避免問「為什麼」，因為這類

問題很容易讓學生覺得自己好像受到批評，因此變得自我防衛。學生感覺到自己應該要有正當、合理的答案，但是這未必是真正的原因。如果老師問：「妳為什麼遲到？」，通常學生都不會誠實地回答，只會找一些藉口搪塞：「我爸的鬧鐘沒有響」、「我媽睡過頭了」或「公車班次延誤了」。老師可能聽過各式各樣的藉口，其中不乏很有創意的理由；對學生來說，為了避免受到斥責，他們常常不願意誠實地招供原因。

　　如果老師可以跳過「為什麼」這個問題，學生的反應可能會很不一樣。與其問「你早上為什麼老是遲到？」，用另一種方式來問可能會比較有收穫：「我覺得很好奇，是不是有什麼事情讓你沒有辦法在早上的時候準時出現？」這種發問的方式不但點出了學生遲到的事實，也試著進一步地了解遲到的背後究竟有什麼問題。

　　同樣的，如果狄恩的作業老是遲交，老師不妨不要直接問他「為什麼」，而是對他說：「看起來好像有些問題。我在想，我是不是可以幫上一點忙？」狄恩可能拒絕老師的提議，也可能過一段時間以後又回來和老師談。不過，狄恩也可能接著說

到自己並不想接受幫助，或是提到家庭的問題、課業上的問題，甚至告訴老師他覺得反正自己無論如何都讀不好，因此也沒有必要再作這些功課。有了這些訊息，老師更可以站在一個有利的位置來幫助學生解決問題。

一般來說，開放性的問題可以用來獲得他人對於某事的看法、說明或實例。問題本身最好簡短而直接，以避免阻礙了討論的流暢度。有「什麼」、「如何」字眼的問句通常是開放性的問題；而「可以……嗎」這類問句則有徵求配合的意味。另一方面，封閉性問題的答案往往只有一個，而且常常導致討論的中止，以「是不是」、「誰」、「什麼時候」、「有沒有」爲開頭的問題常都具有封閉性。試想以下兩個問題的差異：「你和父母是不是處得來嗎？」「你和父母相處得如何？」老師不妨記住：封閉性問題的重點是詢問者所關心的事情，而詢問者並不見得把學生的話聽進去；開放性問題的則以學生所關心的事情爲中心，並且有助於對方釐清自己的問題。

還有另外一種提出問題的方式，不過，用多了可能會變得有些不大自然。從學生的話裡找到關鍵

字或用最後一個字來發問，是一種有效的方式，因
為這種問題可以鼓勵學生進一步地說明。舉例來
說，如果學生說「我討厭待在家裡，我媽老是嘮嘮
叨叨叫我做這做那」，老師可以接著問：「妳媽媽
很嘮叨？」或許大衛向老師抱怨說：「我最討厭午
餐時間，它讓我覺得情緒低落。除了星期三以
外。」老師可以問：「星期三以外？」某個程度來
說，這樣的問題可以發揮巧妙的鼓勵作用，有助於
促進更深入的了解。教師說話的語氣或抑揚頓挫是
很重要的，因為這可以表現出真心的聆聽，並且讓
學生感受到老師是真心希望他繼續說下去。

　　最後，要謹記在心的是，儘管老師可以從很多
問題中獲得重要的事實資料，過多的問題不但無法
表達對學生的關懷，反而會讓他覺得自己好像被人
拷問一樣。此外，如果老師在第一次的諮商晤談中
就問了一大串問題，弄得自己也神經緊張起來，可
能會使往後的諮商晤談無法跳脫出這種模式。

微妙的激勵

　　乍看之下，有些發語詞似乎微不足道，但是在

實際的對話中卻具有鼓勵學生說話的作用。這些發
語詞表示老師願意聆聽、而且不想打斷學生的話，
這些發語詞包括「是，我在聽」、「繼續說」、
「喔」、「嗯」、「是」或「然後呢」等。

　　非語言性的訊號—如點頭或手勢，也有一樣的
功能。如前所述，以關鍵字來發問也具有一種微妙
的刺激作用。舉例來說，如果保羅說：「我爺爺週
末時住院了」，老師可以接問：「他住院了？」再
以海倫為例，當她說：「在昨天晚上以前，一切都
很好。」老師可以問：「昨天晚上？」

話語的釋義（paraphrasing）

　　重複學生說的最後幾個字，可以鼓勵學生繼續
說話；有些時候，將學生的話加以釋義也很有用，
因為這意味著老師不僅聆聽學生說話，而且也正確
地了解學生的意思。藉由釋義，老師可以確認學生
談話的內容，而感想則傳達了感情。舉例來說，珊
曼莎顯然很焦慮，因為她不知道週末應該和爸爸見
面或是和朋友一起參加派對，老師可以回答：「妳
看起來好像很難做決定」（解讀）或「妳對於做決

定好像顯得很焦慮」（感想）。

　　釋義指的是用類似、但較簡單的方式，準確地重述某件事情，同時也可以作為內容的總結（見本章稍後之總結）。釋義讓學生知道自己究竟說了哪些話、也讓他們知道老師對這些話的理解為何。在某些情況下，釋義和感想的混合運用可以達到相輔相成的效果，例如：「嗯，費爾汀太太，讓我看看自己是不是完全理解妳的意思。你說學校給史帝芬的照顧與監督不夠周到，讓你覺得生氣又失望。」教師明明白白地陳述這段話，沒有逕自詮釋費爾汀太太的話，而是將她的話予以釋義並思考她的感受，使她必須正視自己究竟說了什麼。這樣的做法比擺出防衛性的姿態──例如舉出學校的各項優點或說明學校曾經花了多少時間和努力在史帝芬身上──要來得有效。防衛性的立場往往是為了捍衛教師的立場，企圖改變費爾汀太太的想法，但是，如果沒有先讓費爾汀太太知道她的感受已經被了解，她很難把這些解釋聽進去。如果雙方不斷地為自己辯解，整件狀況很容易就會陷入無謂的爭執中。

　　藉著重述費爾汀太太的話，並且表達對其感受的理解，老師可以讓費爾汀太太覺得校方的確尊重

她的看法。唯有此時才有可能進一步地讓費爾汀太太了解學校曾經做過的努力、哪些做法對史帝芬的狀況並未奏效、以及還有哪些可能的解決方式。一旦費爾汀太太的想法受到注意與了解，彼此才能夠一同想辦法，並獲得建設性的解決方案。

我們再以蒂娜的處境為例。蒂娜說她懷孕了，不過她把情況說得實在太複雜，以致於老師聽得一頭霧水。於是，老師決定以釋義的方式再確認一次自己對這件事情的理解是否正確：「好，現在我來看看是不是了解妳的意思。妳說妳應該是懷孕了。雖然妳不是很確定，因為其實你們用了保險套，但是保險套有破洞；而且妳並沒有真的進行驗孕。是不是？」老師說這一段話的目的是為了釐清事實，而非探討蒂娜的感受。另外一個案例是溫斯頓說他因為家庭問題想要找地方自己住，老師一方面要對彼此的談話加以釋義，一方面也要思考溫斯頓的感受：「你是說，住在家裡的感覺很複雜。你想要和媽媽、弟弟、妹妹們住在一起，可是你和繼父又處不來。是不是這樣？」

當珊卓拉說：「我真的很愛我媽，她為我付出很多，她總是幫我洗衣服、燙衣服，也是我的經濟

來源。可是她實在很嘮叨，尤其是對於我和朋友出去的事情，她好像老是把我當成小孩一樣。」老師可以說：「聽起來其實妳很感激她為妳做的一切（釋義），不過妳也覺得她太保護妳了（感受），是不是這樣？」如果珊卓拉繼續說：「嗯，一分鐘前她還對我很好，可是半小時以後她可能對我大吼大叫，說我的房間太亂。」接著老師可以問：「妳是不是覺得她反覆無常？」

　　釋義和詮釋（interpretation）是不一樣的，所謂的詮釋指的是聆聽者從自己的觀點來建構事實與感受。釋義和總結也不盡相同，總結指的是把對話濃縮成幾個重點。老師的釋義會讓學生覺得老師的確了解自己的想法，也會因此受到鼓舞而繼續談下去。如果老師的釋義不夠精確，則有必要將誤會加以釐清。此外，老師要特別注意的是，盡量採用不同的方式來表達類似的陳述，例如有時候用「我這樣說對嗎？」，有時候則用「你的意思是……是嗎？」。

避免論斷或批評

　　教師應該避免在語言或非語言上表現出驚訝、厭惡或不耐煩的感覺。一名好的聽眾必須透過共鳴的回應來表達自己對說話者的瞭解。有些非語言性的訊息可能會不知不覺地流露出來，例如挑眉或睜大眼睛等。老師可能覺得害怕、反感或震驚，但是，除非她有正當的理由，否則絕不應該洩露這些真實的感受。

　　學生很可能會先「考驗」老師，以確認是否要和她談下去。珍對老師說，最近在派對上，她的朋友們喝了很多酒，而且也吸食大麻。珍顯然知道這是違法的，但是老師在作出反應之前，要先問自己：珍為什麼要在這種時候告訴我這些？如果老師表現出不認同或非難的態度，珍可能就不願意再說下去。相反地，如果老師保持冷靜，小心地繼續探問，珍可能會說出自己真正的問題。老師可以問珍：「妳覺得那些派對怎麼樣？」或「妳看起來並沒有真的很喜歡這種派對。或許你可以多談一些有關派對的事情—不過妳不需要告訴我那些朋友的名

字。」珍可能因爲老師的話,不再擔憂自己會背叛朋友,並且願意進一步和老師討論自己的處境。由於這件事情發生在校外,老師比較不會直接面對道德上的兩難,也可以比較直接地面對這類問題;當然,如果這件事情生在校內,那又另當別論。

　　珍最後終於覺得自己可以很放心地和老師討論自己的困境,她也許會覺得自己的忠誠已經分裂,她並不想背叛她的朋友們,可是她也很害怕自己和毒品扯上關係。如果老師立刻接著說:「珍,妳知道吸食大麻是違法的,妳千萬不要和這種東西沾上邊,它會毀了妳一輩子」,珍恐怕就不知道該如何繼續談下去。老師應該要知道,學生之所以會尋求協助,往往是因爲他們面臨了衝突。珍很清楚自己「應該」怎麼做,她也知道「吸毒」是不對的,她知道父母會罵她,但是她也有冒險的慾望,也有好奇心,也希望可以對朋友保持忠誠。如「染上毒品是很危險的」或「吸食這些毒品終究會導致更嚴重的毒癮」等話,以及表示非難的手勢或表情,並無助於珍解決她的困境。她或許會很直接地試探老師的態度:「老師,妳對於吸毒有什麼看法?」但是事實上她已經知道老師對毒品一定持反對的看法。

老師應該能夠穿越學生提出來的問題表象，察知其背後的目的或意涵。

另外，老師在面對學生濫交的問題時，可能會很想立即表達自己的見解，或是從聲音語調和面部表情裡傳達出否定的態度。海麗對老師說，她有一打的男友，她覺得「性」實在很刺激──是夜間狂歡不可或缺的節目之一。她說，傻瓜才會把性看成很特別的東西，或是只能接受婚姻下的性關係，她搞不清楚人們為什麼要對這種事大驚小怪。老師可能忍不住想要告訴海麗，濫交對於健康有害，對自己的名聲也不好，勸她不要亂搞男女關係。但是，老師還是要先問問自己：為什麼海麗會這麼說？為什麼她會如此漠不在乎？不管老師如何努力地想讓海麗了解濫交的危險，在海麗的耳裡聽起來都只是陳腔濫調的道德訓誡。老師應該換個角度，試著了解海麗對自己的行為有什麼感覺，稍後如果有適當的時機才引入關於健康教育的話題。不管海麗說什麼，老師一定要保持冷靜地面對。

如果老師可以專心地聆聽海麗說話，暫時按兵不動，先仔細探索她話裡的訊息，才可能有進一步討論的空間。舉例來說，老師可以問：「海麗，妳

說妳覺得性是很好的事，但是卻不是什麼大不了的事情；但是妳搞不清楚為什麼有些人把這件事情看得很特別嗎？」海麗可能想要建立一種驚世駭俗的自我形象；她可能喜歡看到別人（包括老師在內）瞠目結舌的樣子，但是她同時也覺得自己對感情很沒有安全感。她可能陷入一種無法自拔的行為模式中，同時也害怕自己感染愛滋病。如果老師直接跟海麗說：「妳到處和別人上床，很可能會感染愛滋」或是表現出不以為然的樣子，可能一點效果都沒有。老師不妨對海麗說：「我想知道，除了妳剛剛跟我說的這些事情，有沒有什麼事情讓妳覺得很擔心，但是又害怕說出來以後我會長篇大論地開始跟妳談避孕，或開始對妳灌輸健康教育的觀念？」

　　同樣地，如果提姆跑來跟老師說自己是同性戀者，並且考慮將這件事情告訴朋友們。聽到提姆的告白，老師千萬不要露出驚訝或錯愕的樣子，而是仔細地聆聽提姆的擔憂，並且幫助他釐清想法。老師有各種理由擔心同性戀學生出櫃的問題，包括這件事情可能在學校裡造成的波瀾，或是學生本身根本還沒有想清楚出櫃以後的結果。但是，如果直接跟提姆說：「如果我是你，我不會這麼做」或「如

果你這麼做，那真是大錯特錯」，對提姆沒有任何幫助；老師不如告訴提姆：「好，提姆，我知道你覺得自己已經做好出櫃的準備。我們不妨先來想想看你的朋友們會有什麼反應。」

當蒂娜說自己懷孕了，並且有墮胎的打算──這又是另一個進退兩難的處境。她可能不知道老師是反對墮胎的天主教徒，所以對她的問題感到非常為難。當然，老師不能跟蒂娜說：「不管在任何狀況下，我堅決反對墮胎！」如果老師決定自己私底下在這件事情上做出一些讓步，並且表達立場，不妨對學生說：「針對這個問題，我不確定自己是不是協助你的最好人選，因為我是天主教徒，我不希望我的宗教信仰會影響你的決定。我想，或許別人可以給你更多的協助。我很想知道你最終的決定，但是我不確定自己能否很客觀地看待這件事情。」

還是一個老規矩：盡量避免評斷或表達個人的觀點，因為這很可能會阻斷了進一步的討論。舉例來說，保羅說他不知道自己星期五要不要參加祖父的葬禮。聽到保羅的話，老師可能會立刻做出強烈的反應：「喔，保羅，你一定要去，不然以後你會後悔」或是「你必須要參加，才不會像我一樣老是

後悔自己沒有參加祖母的喪禮。」這兩種反應都告訴保羅—你應該去參加，但是卻無助於保羅進一步地了解自己的不確定感究竟從何而來。如果老師這麼說可能比較適當：「我在想，在你做決定之前，如果我們分別就去與不去考慮優缺點，是不是比較有幫助？」或是「我想知道，你對於參加與否分別有哪些看法？」

　　每個老師對於參加葬禮、性關係、毒品、墮胎、飲酒等，都有自己的想法和感覺，但是，在協助的歷程中，老師應該避免將自己的價值觀強加於學生身上，而是試著讓學生去探討自己的行為價值與衝突，自己摸索出解決的方式，即使學生最後所得到的答案和老師的信仰與價值觀有所衝突。

　　就幾個方面來說，在諮商中分享私人的經驗，有一些缺點。首先，這會使諮商的焦點從學生轉移到老師身上；其次，雖然教師對於某些問題（如墮胎、懷孕、藥物濫用或酒精問題）可能有親身的體驗，但是未必和學生有相同的感受。第三，這麼做很容易導致師生間的分際與疆界瓦解，使雙方的關係顯得不夠專業。第四，這類訊息可能成為學生的負擔，即使老師本來只打算告訴一個人，但是學生

卻一傳十、十傳百，大家都知道這個「秘密」。事實上，即使沒有任何私人性的自我揭露，也可以達到共鳴和理解（見第四章自我揭露）。

當教師聆聽學生說話的時候，絕對不要表現出不耐煩的樣子。儘管學生重複地說著某些話、不斷地在原處兜圈子，老師幾乎忍不住想脫口而出：「好了啦，蜜莉安，這個問題我們已經說了又說，我覺得現在是你做決定的時候了，我沒有時間一直在原地打轉。」比較適當的回應是：「我覺得我們好像在兜圈子，我在想，可不可以暫停一下，看看為什麼會這樣？」即使老師覺得不耐煩，但是不妨換個角度想：如果做決定是那麼簡單的事，那麼蜜莉安早就決定了。有時候，做決定之所以困難，是因為被一些想法複雜化了：「別人會怎麼看我？」「如果我做錯了抉擇，會發生什麼事？」「在這種情況下，怎麼樣才能如我所願？」有時候，學生遲遲無法做出決定，意味著背後有些壓力與考量。

經驗的串聯

藉由上述之各種技巧，老師可以幫助大多數的

學生以自己的角度來檢視問題、並且獲得解決的方案。教師可以進一步地把目前的經驗和過去類似的經驗加以連結，這類連結雖然是一種簡單的詮釋形式，不過卻經常被運用在正式的諮商上。

有些人顯然會不斷地遇到某類型的問題，倘使老師能針對這個情況加以釐清，將可以獲得較好的諮商效果。老師要很有技巧、很溫和地進行這一類的觀察。舉例來說，如果蜜莉安說她和朋友們鬧翻了，她們在走廊上惡狠狠地瞪了蜜莉安一眼；蜜莉安接著說自己並不在乎，因為一定很快就能交到新朋友。在老師的鼓勵之下，蜜莉安繼續說自己在以前就讀的學校，也碰過同樣的事；更早之前在小學的時候，也發生過一次。不過，她總是打入另一群朋友的圈子裡。此時老師或許可以問蜜莉安：「妳說這種情況以前也發生過。我想知道妳有沒有想過，為什麼會發生？」從蜜莉安的案例中，雖然很輕易就可以把過去和現在所發生的事情串聯起來，但是困難卻在於如何自然、巧妙地做出這樣的連結，使學生不致於立刻產生防衛的心態。

有時候老師可能會使學生想起生命中某個重要的人，例如父親、母親或繼父。寶拉說：「我受不

了辛格老師，她不喜歡我，老愛挑我毛病，從來不幫我。」這個時候，老師可以問問寶拉：「寶拉，我們試著看看妳和辛格老師之間怎麼了。」很可能辛格老師真的不喜歡寶拉，但是也有可能辛格老師總是讓寶拉想起她的繼母。從寶拉強烈的反應中，或許可以找到一些蛛絲馬跡，發現真正的問題癥結並不在於辛格老師。如果事實如此，雙方便可以再進一步討論。

有時候教師可以把學生失落的經驗加以連結，例如心愛的寵物死去、搬家或轉學等。如果莎拉為死去的小狗感到深切的哀傷，可能是因為小狗的死讓她想起去年剛經歷過外婆逝世的哀慟。在外婆過世的時候，莎拉見到母親傷心欲絕的樣子，心裡覺得自己應該要更加成熟而勇敢。將過去的事件與現在的事件加以連結，往往能夠了解為什麼某些情緒或經驗會如此強烈。

這些連結把學生置放在一個新的參考架構中，透過這種方式，學生可以檢視自己的問題，甚至更了解、更善於處理問題。從聆聽者的參考架構所衍生的詮釋，和釋義或感受都是不同的。這未必是各個事件的真實意義，而是一個從聆聽者的觀點對事

件的建構與理解。進行詮釋的時機是效果好壞的關鍵因素；如果連結的建構是正確的，但是卻在不恰當的時機提出來，很容易就受到駁斥。詮釋必須要奠基於一段時間的資訊蒐集，而非只是毫無根據的臆測。

避免改變主題

有時學生會改變談話的主題，這往往意味著他們同時面臨各種不同的問題。剛開始的時候，老師可以任學生自由地變換主題，但是經過一段時間後，老師最好試著讓學生每一次只談一個主題。學生模稜兩可的說話方式，常常表示心中有些不安與焦慮；但是如果能夠受到專注的聆聽，往往能夠達到放鬆的效果，使學生找到談話的重心。老師可以對學生說：「我了解你正為很多事情所苦惱，包括你和男朋友的關係、你和家人的關係、以及你們即將搬家的事情。我想，我們一個一個討論，是不是比較好？」

任由學生絮絮叨叨地同時陳述不同的事情，很容易讓老師和學生之間的對話變得很混亂，而且面

對各種不同的問題，老師可能會無法招架。老師可以先表示自己知道學生有很多問題想要討論，這可以讓學生覺得安心；接著，向學生提出每次討論一個問題的提議，以便控制、管理輔導的歷程。舉例來說，如果寶拉提出一連串的問題，老師可以對她說：「我知道妳有很多心事。我想，或許在今天沒辦法一一討論，但是我們不妨從妳最擔心的問題先開始談起。」老師必須讓寶拉自己找出最令她憂心的問題。從老師的角度來看，寶拉最關心的事情，不見得是最重要的（如課業或報告）；但是寶拉在這方面一定要有自主權，並且由她指出自己最擔心的問題。

同樣地，老師也要小心自己的焦慮感。當討論的主題令老師覺得不自在而企圖改變話題時，她應該對自己的反應有所察覺。如果老師覺得討論某個主題是很為難、很痛苦的事情，學生往往可以感覺得出老師的異樣，而且可能因此拒絕進一步的討論。如果老師覺得某些主題令她覺得不自在，她應該抑制自己受到牽動的反應與情感，事實上，有時候從事輔導工作的人也需要尋求諮商方面的協助或指導（見第四章的支持）。

　　如果討論的主題讓老師覺得痛苦或為難，而學生又不斷地離題，說些無關的細節，此時老師可以對學生說：「我覺得我們已經離剛剛的主題太遠了。我知道這是個令人覺得痛苦的主題，但是你說……」。每一次只鎖定一個討論的主題，避免突然之間改變話題，但是也要注意，有時候轉變話題是因為該話題實在令人無法承擔。

避免太常開口、說得太久

　　當老師回應學生的時候，盡量簡單扼要。冗長的回應會使老師無法集中精神聆聽、注意學生；特別是當學生覺得苦惱、焦慮或困惑的時候，老師說得太多，可能反而無法密切注意學生的反應，分明是諮商療程，卻變得像個別訓話一樣。非不得已，老師應當盡量避免打斷學生的話。

總結

　　總結，是把談話的內容具體化的行為。儘管總結也有釋義和反省的成分，但是它與這兩者畢竟還

是不一樣。總結是將說過的話加以建構，通常用來強調某些重點，並且對整個諮商晤談下結論。有時候，總結可能無法非常準確，因此需要進一步向學生確認，如果有任何誤會，也可以加以澄清。類似「是這樣嗎？」「我說對了嗎？」或「我對你的了解正確嗎？」的句子，可以用來確認。

　　總結的時機很重要。在對話尚在進行中老師就進行總結，可能會顯得有些突兀，但是如果學生說了很長一段話，或是提出令人困惑、互相矛盾的論點時，總結可能就幫得上忙。此外，在每次的諮商晤談結束前，特別需要以總結的方式來溫習、澄清想法。舉例來說，「嗯，麗莎，我們還有五分鐘的時間，我想確定一下是不是我們都很清楚剛剛的結論。我在星期四之前會和妳的導師談談妳的課業，而妳會和父母談一談更改選修的事情，星期五我們再見一次面，談談相關的情況。是不是這樣？」「我來總結妳告訴我的話，妳看看有沒有什麼錯誤的地方，好嗎？」「好，妳會告訴妳媽媽放假的時間，然後妳會聯絡托兒所，看看什麼時候可以去工作，然後妳再通知我。妳說這大概要花一週的時間。同時，我也會和妳的導師、生涯規劃顧問聯

繫。是這樣嗎？」

　　總結的優點在於它可以掌握交談的意圖與發展。因此，當莎拉剛開始說話的時候，好像把所有的事情都混在一起說；不過，四十分鐘以後，她的思考開始比較清晰，並且更清楚問題的癥結、更了解自己下一步應該怎麼做。老師可以說：「我們談到妳在小狗死後的感覺，小狗的死讓妳回憶起其他的失落經驗，包括失去妳的外婆和轉學的經驗。我了解妳曾經有過許多失落的經歷，這些經驗也妳有很多的轉變。我在想，如果我們再見一次面，讓妳有時間多談談這些事情，會不會有幫助？」

　　在交談結束時做總結，並不意味著已經把問題處理好，而是已經作成某些清楚的定義，便於下次諮商時再討論。對某些人來說，把問題或感覺加上特定的標示（例如，「你曾經有過很多失落的經驗」），能夠幫助他們面對、處理問題。對於正面臨生涯決定的學生來說，總結特別重要，它可以讓學生對情況有較清楚的認識。老師可以說：「菲利浦，你說你不確定自己接下來該怎麼做。你想過要讀 GNVQ，也考慮參加中級課程，不過，你也希望在決定之前先對課程有進一步的了解。我在這個星

期結束以前會給你一些細節，你要和父親談談繼續升學的事，然後我們下個禮拜一再見面一次。你覺得呢？」

聚焦

聚焦是把注意力集中在某個主題或說話者本身。當說話者不斷地重複，從一個主題跳到另一個主題，或是講一些無關緊要的事情時，老師可以運用聚焦的技巧為這種情況解套：「你告訴我許多有關你和母親以及她男友的事情，你也說你和父親會定期會面。我想知道你和父親見面的時候，有什麼感覺？」或「你提到一些讓你覺得困擾的事情，你可不可以說說看，哪一件事情讓你覺得最有壓力？」

聚焦可以減輕學生的困惑，並且獲致更多的了解。如果老師對學生的話感到很疑惑，很可能就是因為學生也對自己感到困惑。老師應該試著讓學生抓到談話的重心，但是要特別注意說話的語氣、態度和措辭，以避免過於權威。

有時候老師很難從學生所說的所有內容中選擇

聚焦的對象。當珍說：「聖誕節假期眞是糟糕透了。沒有一件事情順利。我爸媽從頭吵到尾，我和男友分手了，我的朋友們不是忙著讀書就是和家人在一起。更糟的是，我生病了，沒有辦法參加我期盼已久的新年舞會。」老師可以從中找出一個觀點：「妳爸媽從頭吵到尾？」「妳和男友分手了？」「妳生病了？」甚至「妳的朋友都很忙？」在這個例子中，以最強烈的情緒作爲焦點，是比較簡單的做法，所以老師說：「過去兩個星期，妳似乎過得很不好、很難過。我在想，如果我們先看看讓你最難過的事情，會不會有幫助？」當然，老師也可以選擇一個主題，然後多問一些有關她父母的事情。然而，從珍的話聽起來，老師並不大容易找到讓珍最困擾的事情是什麼。她唯一提到的感覺是「糟糕透了」。

　　有時候學生會離題地開始談論某個朋友。此時，老師應該把重點轉移回來學生本身，而不是她的朋友。舉例來說，安瑪莉提到她的一個朋友時，說：「她才四十二公斤，而且小腹非常平坦。她好苗條好漂亮，人緣很好，又很聰明。她一天只吃一餐。」老師或許會想問問這個朋友的事情，包括她

是誰？她的醫生或父母知道她的情況嗎？但是，不
要忘記，重點還是要擺在安瑪莉身上。安瑪莉的話
聽起來像是把自己和她的朋友拿來做比較，覺得自
己比朋友遜色。老師不妨問她：「妳是不是把她拿
來和自己比？而且你覺得自己不如她，對嗎？」這
麼做的目的是鼓勵安瑪莉多談談自己的事情，即使
這麼做可能會令她覺得有些難過。雖然把話題轉到
朋友身上的，是安瑪莉自己，然而，如果老師也把
注意力放在這個第三者身上，很容易就使安瑪莉覺
得連老師也對她的朋友感興趣了。

釐清

　　釐清可以把原來模糊的資料變得更清晰，通常
可以運用在產生困惑混淆的時候，但是過度使用釐
清的技巧，可能會影響對話的流暢度。舉例來說，
如果海倫說：「我媽媽和我姐姐總是一起做這做
那，但我大多是一個人。她說我很自私，從來不為
別人著想。」海倫並沒有清楚地說明是哪個「她」
說她自私，但這可能是一個重要的訊息，所以，老
師會想問：「妳說的她是誰？妳姐姐，還是妳媽

媽？」遇到不了解的地方，老師可以問：「我不
太明白你剛剛說有關你父母回家時的事情。可以請
你再說一次嗎？」

青春期的孩子在言談間常常會用到概括式的語
言，如「每個人的父母」、「沒有人」、「所有的老
師」等。立刻指正學生的說法，未必是恰當的回應
方式，如果能釐清學生的話究竟是什麼意思，將可
以更精確地檢視問題。「海麗，妳說妳覺得老師都
很煩，他們都一付漠不關心的樣子。我很好奇，妳
真的覺得每一個老師都這樣嗎？」海麗可能會回
答：「可以說是，也可以說不是啦。大部分的老師
還算好，可是化學老師和數學老師看起來就是根本
不在乎你，也不注意你。」

在進行釐清時有個技巧：盡量以教師自己覺得
困惑為名來提出問題，而不是指出學生的談話令人
覺得困惑。舉例來說，如果老師說：「我聽不懂你
剛剛說的那個字」，學生會覺得自己好像受到批
評，因此比較不願意再重複說明一次。換個方式來
問，可能會更恰當：「你剛剛跟我說了好多事情，
我有一些搞混了。你介意再跟我說一次關於門診的
事情嗎？」

面質（confronting）

　　多數人都希望自己受到別人的喜愛，然而，針對學生不守時、課業或行為上的缺失，老師有時候確實有必要直接加以指正，導致有些老師可能比較不受歡迎。同樣地，在輔導工作上，必要的時候還是要把麻煩的問題說個明白。如果老師希望獲得認同，恐怕就不大容易直接指出學生的問題，這對學生來說事實上是一種損失。

　　當老師開始注意到學生似乎有些不正當或不實際的態度或想法時，很容易陷入該不該直接告訴學生的焦慮中。面對這種狀況，老師有兩種極端的選擇，俗話來說，一種是「睜一隻眼，閉一隻眼」，另一種則是「殺雞用牛刀」。老師對於這種衝突所畏懼的主要有兩個：一是說實話的人會變成壞人，二是這可能傷害到學生的自尊。面質是一種風險頗高的技巧，因此通常需要熟練的經驗才可能發揮效果。在運用這種技巧時，除非學生聽得進去，否則可能只會產生叛逆或自我防衛的反應。由於面質很容易使學生疏遠老師，所以在採用之前不妨三思。

事實上，正面衝突的目的是爲了要學生檢視自己的行爲和缺點，如果處理不好，可能讓學生變得畏畏縮縮、不斷地爲自己辯解。

藉著面質，可以迫使學生面對自己的言行舉止。至少這會使學生知道自己所說的言語和表現出來的非語言訊息之間有何矛盾之處。「你說你和朋友處得不錯，不過，從你的態度和聲音聽起來，好像不是那麼一回事。」然而，更困難的是，學生並不想談起或聽到的問題，老師應該如何和他說起？「一方面，你說你想要有個美好的未來，也期待上大學，可是另一方面，你卻不去上課，也不寫作業。或許我們應該談談這個問題。對這個狀況，你有什麼看法呢？」其中，「可是」這個措辭相當能夠強調出矛盾或歧異之處。老師可能很想說：「狄恩，你什麼都不做，要如何上大學呢？」但是這樣一來，老師恐怕太明顯地表現出自己的挫折感。如果老師自己過度情緒化，狄恩更不可能感受到老師的關懷或瞭解。

有時面質並不會立刻發生作用。和老師談過以後，狄恩可能會回去找老師，並且對她說：「昨天晚上我躺在床上想妳說的話，我想妳可能說對了。

上課的時候我太混，話太多，最後還是要我自己來承擔後果。我實在希望我的人生有些不一樣。」

　　有另外一種面質是比較正面的：當老師覺得學生似乎有些妄自菲薄的時候。有些學生受到低度自尊所苦，覺得自己不受歡迎、沒有吸引力，即使事實並非如此，他們還是缺乏自信。此時，正面的保證可以發揮良好的效果，例如老師的一句「妳很有吸引力」或「大家都很喜歡妳」，可以讓學生好像打了一劑強心針一樣。如果安瑪莉很沒有自信，要說服她很難，無論老師說什麼，她可能都會覺得老師只是出於好心或善良。老師不妨問她：「妳說自己沒有吸引力，但是妳告訴我妳有男朋友。」或「妳說自己不受歡迎，但是妳有朋友，妳會和他們出去，他們也會邀請妳一起參加活動。」

　　當學生對自己懷有不切實際的信心時，老師應該委婉地讓學生知道。賽門可能說他想上大學，但是老師認為賽門可以上大學的可能性很低。但是，老師不能直接告訴賽門：「賽門，恐怕你沒有機會進大學」或「就你現在的表現來看，要進大學是沒有希望的。」如果老師這樣說，很容易令人覺得她似乎對賽門存有偏見，或是責備賽門怎麼沒有及早

準備，這並無助於賽門更清楚的認識自己。比較好的做法是對賽門說：「你說你想進大學，不過，你知不知道進大學的條件，以及你自己為什麼要進大學？我想我們必須一起考慮這個問題，並且看看有沒有其他你尚未想到的可能─例如先讀 GNVQ?」

教師必須以冷靜而果斷的方式面質，把重點清楚扼要地說出來：「你說你討厭星期六的工作、討厭你的老闆、討厭兩地奔波、也討厭和你一起工作的人，不過，我很好奇，既然你那麼不喜歡，為什麼不找份新工作呢？」這樣說比以下的說法可能來得有效：「你幹嘛不直接換工作？」或「不要再發牢騷了，想辦法解決啊。」後者的說法雖然是對事實的回應，但是老師卻沒有試著了解為什麼葛蘭姆還是留在目前的工作崗位上，背後的原因可能是，這份工作是他的母親好不容易才替他找到的，雖然他真的很不想做，但是卻不想讓母親覺得失望。

在此，回應的語調和態度仍然非常關鍵。以另一個狀況為例，山傑說他真的很想在建築師事務所裡面獲得一些工作經驗，他顯得非常熱衷於這個想法，也確信自己一定會喜歡這樣的工作。但是老師把事務所的名單給他以後，他卻還是原地踏步，沒

有進行任何聯繫的工作。他的被動可能令老師既生氣又失望，也搞不清楚山傑究竟在想什麼。此時，老師可能很想對他說：「山傑，我以為你真的很想要這份工作，但是你連試也不試。你不知道要有效率一點、積極一點嗎？你這樣怎麼會有機會呢？別人早就搶先一步了。如果你自己不努力些，我也沒辦法再花時間幫你了。」這種短短的訓話或許能夠撫平老師的不滿，但是卻沒辦法解決山傑的問題，他會覺得自己受到責難。相反地，如果老師真的想進一步地了解山傑的問題，應該先按捺住情緒問他：「山傑，你告訴我你真的很想在建築師事務所獲得工作經驗，但是時間一點一滴的過去，你都沒有和任何公司聯絡。我想知道你是不是遇到什麼阻礙或困難？」真正的情況可能是因為山傑在書信撰寫方面遇到困難，也可能是因為山傑必須幫母親分擔接送弟妹或其他家務，所以抽不出時間。

　　有時候，自我衝突的行為模式是以「遊戲」的型態呈現，就像Eric Berne（1966）在《人們的遊戲》（Games People Play）所描述的一樣。有些學生先請求協助，但是不管老師提什麼建議，他們的回答都是：「是的，我試過了，但是沒有用。」老

師必須注意學生這種行為模式，並且不要隨之起
舞，而是要坦白地指出來，才能讓學生有改正的機
會。正如 Adler 所說的：「對付喜歡和你玩遊戲的
病人，最有效的療法之一是吐一口痰到他的湯裡
（spittingin the patient's soup），他可以繼續玩這種遊
戲，可是很快就會覺得索然無味。」

　　學生有時候會藉著這種遊戲獲得更多的協助或
延長期限，幸運的話，或許老師會有耐心地幫助學
生，而學生也終會心生感激；但是，長久下來也可
能事與願違。有些學生可能不懷好意地周旋在不同
的老師之間，例如某個學生可能對老師說：「謝謝
你這樣幫我。其他的老師從來不幫我，他們什麼都
不說清楚，我總是跟不上進度。」如果老師感覺到
自己似乎被學生耍了，應該要冷靜地面對學生這種
行為，她可以說：「之前我已經讓你延期繳交，但
是我開始懷疑，長期下來，這樣做對你恐怕沒有幫
助」或「我很高興可以協助你進行這項計畫，但是
我的教學究竟對你的未來有沒有任何幫助？」

　　不管在任何情況下，只要老師覺得有必要責難
學生，就一定要說到重點，並且控制自己的情緒變
化。也許老師實在很想發脾氣，但是她也很清楚，

明白地表達憤怒既不恰當也沒有幫助，因此，與其
對學生說：「別唬我了，狄恩，這是個爛藉口，你
從來都不準時交作業」，不如用比較有建設性的方
式處理：「好，狄恩，你已經告訴我為什麼沒有辦
法準時交作業；但是，我想知道，你自己對這些理
由有什麼看法？」

提供資訊與回答問題

老師往往很善於傳遞資訊給學生，但是，很重
要的一點是關於提供資訊和給予忠告的區別。學生
常常會尋求忠告，但是卻未必真的需要或真的想要
獲得這些忠告。資訊必須具體而準確，有些機構會
提供特定的資訊，例如家庭計畫協會（Family
Planning Association）、市民資訊局（Citizens
Advice Bureaux）等機構或許會提供生命線的電話
號碼，但是如果告訴民眾應該怎麼做，恐怕就不大
適當了。

有時候，學生的問題同時涵括了情緒面與實際
面。以海麗的情況為例，她在前一天晚上沒有做任
何保護措施就進行性交，因此，她或許需要保健室

方面提供有關事後避孕丸的資訊和忠告。然而，另一個學生—蘇菲，她則是無法決定要不要和男友發生性關係，這是屬於情緒層面的問題，因此，老師應該先和蘇菲談談她在道德方面的困境，然後再提及有關避孕的建議。當她認為自己已經準備好和男友發展性關係時，接著就需要時間和相關訊息選擇合適的避孕方法。也許老師覺得蘇菲還不應該和男友發生性關係，所以想要建議她再等一等，但是，老師的工作是幫助蘇菲在獲得相關資料以後做決定，而不是將自己的想法加諸於蘇菲的決定中。蘇菲顯然很矛盾：一方面她承受來自男友的壓力，另一方面，雖然她覺得自己已經準備好，但是害怕父母知道以後會勃然大怒；也可能蘇菲有很多朋友都已經有性經驗，這讓她對性產生無比的好奇心。讓蘇菲正視、探索自己的困境，比直接給她建議要來得有幫助（見第六章之保密原則）。

此外，如果資訊是來自一個學生信賴的人，將有助於學生發展自己的看法。老師給予學生建議可能衍生的問題是，一旦這樣的建議對學生並沒有發揮效果，學生可能反過來怪罪老師；另一方面，如果學生沒有採納老師的建議，或許會比較不願意和

老師再度見面。即使老師的建議很好，也可能因此
使學生產生依賴心，並且缺乏自我決定的能力。因
此，讓學生學習對自己的行為與決定負責，可說是
非常重要的事情。

　　當蒂娜問：「老師，如果是妳，妳會怎麼做？」
老師可能會很想回答這個問題。學生顯然也非常希
望根據老師的建議來做決定，此時老師應該先看清
楚問題，再把問題丟回給學生：「妳問我，如果我
站在妳的立場，怎麼處理懷孕這件事？我想，或許
由妳自己來思考關於懷孕的問題，然後我們再討論
妳的想法，這樣是不是比較好？」

　　如果老師回答：「如果我是妳，我會……」，
這只能反映出她自己的價值觀，卻無助於蒂娜思考
自己的問題。任何人面對這種處境都很難下決定，
但是，最重要的是，要讓蒂娜成為決定的人，因為
她一輩子都必須面對自己的決定。照著她的男友、
蒂娜的父母、男友的父母或朋友的話去做並非最好
的解決方案，儘管到頭來她總是不免會考慮別人的
看法。老師可以提供的協助是幫蒂娜降低來自外在
的壓力，以釐清自己真正的想法。同樣地，如果蘇
菲問：「妳會用哪一種方法來避孕？」妳可以回

答：「或許妳可以告訴我，妳知道有哪些方法？妳最想採用的是哪一種？」不管在任何情況下，老師應該盡量避免揭露過多的私事或病歷。

給予忠告還有另外兩個更深入的問題。首先，在某些文化中，人們並不習慣接受諮商輔導，而是比較傾向於尋求或接受建議，因爲相較於諮商，建議顯得更直接有力。其次，有些學者認爲，人們在給予建議時會覺得很滿足，同時也藉此獲得優越感。

當然，老師應該讓學生充分地了解，社區或學校中有哪些可以運用的資源，例如學校的醫護人員、教育福利人員、學校輔導教師、志工機構或國家的生命線等。除非學生很明確地提出自己希望獲得這些訊息，或是學生顯然非常迫切地需要它們，老師在提供這類訊息時，也要格外小心。

諮商及其技巧之運用奠基於「誠實、公平、與尊重」的價值觀上（BAC 1998：A, 1999：C.1）。在實務上，這意味著任何使用諮商技巧的人，都應該透過態度、方式與行爲傳達最根本的信念和價值觀。如果想要爲學生建立一個安全的環境，讓他們可以探索自己的感覺、思想或行爲，老師必須給學

生善意的回應，表現出支持、可靠、信賴、言行一致、沒有成見和接納的態度。

　　就算老師的聆聽與回應技巧都能夠獲致良好的效果，她們仍然需要思專職業關係的本質，並且評估如何在學校建立一個有效的諮商環境。因此，在老師們著手運用諮商技巧時，應該先：

1. 考慮物理環境，即諮商室、椅子的種類、座位的安排或隱私性等。
2. 了解保密原則的限度。
3. 了解自己的能力，認清自己需要哪方面的訓練和支援，並且可以提供哪些校內外的轉介建議。
4. 察覺自己的偏見、刻板印象或偏差。

　　上述四個問題在第四章會有更進一步的討論。以下是一些從事諮商輔導時應該注意的事項：

該做的事：

1. 安排充分的時間。
2. 將無關的憂慮或擔心擱置一旁。

3. 保持冷靜與輕鬆的態度。

4. 自在地坐著，注意自己的肢體動作。

5. 觀察聲音的語調和音量。

6. 注意非語言性的溝通。

7. 進行間歇性的目光接觸。

8. 習慣暫停和短暫的沉默。

9. 聆聽內心的感受。

10. 聆聽自己說話。

11. 清楚地了解面談的目的。

12. 記住細節與相關名字。

13. 表現出共鳴與理解。

14. 幫助學生循其步伐探索真正的感覺。

15. 除非學生需要特定的資訊，老師應該提出開放性的問題。

16. 用簡單的語言，使學生易於理解。

17. 對於自己的看法只做簡要而中肯的陳述。

18. 唯有雙方已建立關係時才使用面質的技巧。

19. 鼓勵學生自己找到解決方案。

20. 運用微妙的鼓勵。

21. 思索感受。

22. 釋義。

23. 總結。

24. 釐清。

25. 聆聽。

要避免的事：

1. 給予承諾。

2. 承諾學生要保密，但事實上卻做不到。

3. 忘記與學生的約定或讓學生覺得不可靠。

4. 討好學生。

5. 刻板印象、說教、評斷、責難、強制、威脅、揶揄或遊說。

6. 傲慢、輕視、瑣碎化。

7. 駁斥。

8. 辯論。

9. 表現出不信任的樣子。

10. 言語上的諷刺。

11. 打斷。

12. 提供解決方式。

13. 給予建議。

14. 陳腔濫調。

15. 多話。

16. 哄騙的話。

17. 將私事告訴學生，加重其負擔。

18. 提出很多問題。

19. 用「應該」或「必須」的措辭。

20. 急著結束。

21. 不必要地填滿所有沉默的時刻。

綜合運用

　　學過了傾聽和回應的技巧以後，老師應該如何將之統合運用在與學生的對話中？一個安靜、不受外界干擾的的諮商室，是一個比較理想的環境。老師必須調整好自己的心情，拋開其他的憂慮，不要擔心面談時間是否過長。老師心裡對於隱密程度、會面目的、及持續的時間，都應該有清楚的評估。通常老師不一定要提到有關保密的問題，除非學生提起，才針對他的疑問加以討論（見第四章及第六

章之專業界線與保密原則）

　　告訴學生整個諮商晤談持續多久，有很多好處。首先，老師不會在壓力下急著馬上進入問題核心。其次，學生可以調整自己的步伐，控制說話的內容和時間。第三，如果學生知道老師會花這些時間討論自己的問題，這會令他們覺得自己有價值。最後，一旦排除時間壓力，雙方都會稍微放鬆，老師可以定下心來傾聽，學生可以有效地利用這段時間探索自己的問題。如果不先說明時間，讓學生自顧地說下去，然後再突然地冒出一句「時間到了」，學生可能根本還沒說到重點，特別是這種突然的中斷並不允許學生有緩衝的機會。

　　有時輔導工作可能會延長到下課、午休或放學以後，這往往使教師缺乏思考與反省的時間，而且搞得自己疲憊不堪（見第四章之支援）。老師最好能夠撥出固定的時間作為諮商時段，並且讓所有的學生都知道時間表，而且老師也要斟酌自己每週可以和幾個學生面談。

　　諮商面談剛剛開始的時候，學生可能不知從何開始，極需要老師的幫助。在這個階段，覺得緊張是很正常的事情。一些簡單的開場白可以幫助學生

放鬆，並且鼓勵她開口說話。例如：「或許你可以
先告訴我妳有什麼煩惱」、「我想，妳可能不知道
應該從何說起，我很樂意讓你決定何時開始。」或
「要和我見面，也許讓妳覺得有些緊張。也許我就
坐著聽，讓妳說妳想說的事情，這樣可以嗎？」開
場白不一定要有關天氣、假期或足球比賽，這些話
不但浪費了珍貴的時間，也很容易凸顯出老師的彆
扭，令人覺得她欲言又止，不願直接進入主題。

　　如果老師讓學生自由地說話，不要急著丟給學
生一大串問題，比較可能讓學生敞開心胸談自己的
困擾。老師可以藉由舉止、肢體語言、語調告訴學
生：「時間都是妳的。」在老師明白地指出初期的
緊張與猶豫以後，學生可能會漸漸地放鬆，並且投
入晤談中。面談的節奏需要小心地加以控制，以避
免最後只能草草結束重要議題的討論。下述
Cameron（1963：769）對治療師的觀點同樣適用
於教師的角色：「就像一個出色的園丁般，（他）
會等到發現似乎有東西正蠢蠢欲動、呼之欲出時，
接著再助它一臂之力。」

　　老師必須接受學生的步調，使學生的自我探索
之旅走得很沉穩，無論如何，這是急不來的。有時

候可以讓學生把自己的感受一次傾洩而出，然後在
接下來的每一次諮商晤談中針對單一問題討論。另
一方面，有些時候老師可能有必要阻止學生提到過
多無關的細節。老師可以說：「妳提到很多有關妳
待在家裡的事情，現在，我們不妨一件事情一件事
情來談。」或者「妳現在同時面臨著很多事情，我
想，如果我們每一次就針對一個問題討論可能比較
好，妳覺得呢？」

　　在諮商面談進入尾聲時，老師可以提醒學生：
「我們還剩下五分鐘。」藉此讓老師稍加總結、再
做有關安排、並且溫習彼此方才同意的事項。同
時，這也讓學生有心理準備，不至於覺得很匆促或
好像自己被趕出去一樣。同樣地，如果學生在歷程
中哭過，這也讓她在去上另一堂課之前有幾分鐘的
緩衝時間。由於老師一開始就已經告知學生諮商晤
談的持續時間，因此，即使學生到最後還是無法說
完自己的問題，老師也不需要再延長諮商。如果時
間不夠，老師可以說：「我們只剩下幾分鐘的時
間，不過好像還沒有真正談到讓你困擾的事。這樣
好了，我們再找個時間見面，你覺得呢？」

　　有些人會在面談即將結束之前才提到重要或新

的議題。老師應該先認可這個新議題的重要性，但
是一定要堅持下次再找時間談。一旦有了打破時間
限制的先例，以後就很難避免這種狀況再度發生。

　　在最後的五到十分鐘，老師可以問問學生是否
覺得面談有幫助，或是願不願意再見面談談。有些
學生可能會欣然答應，有些學生可能需要想一想。
這個問題的目的不是為了引發學生的感激之心，而
是促使學生真正地思考這樣的歷程是否有幫助。此
外，這也讓學生有掌控情勢的權利，畢竟不是所有
學生都會想要和人討論自己的感受或困擾，如果他
們並不願意這麼做，那麼也應該受到尊重。

　　在面談結束時，可能顯示出學生的問題將會是
長期性的，因此，老師最好能夠給予學生非正式的
「合約」或口頭上的協議。老師可以說：「從你告
訴我的事情中，我在想，如果從現在開始，我們每
個星期見一次面，看看半個學期以後變得如何，這
樣似乎比較好。在你媽媽還在住院的期間，你或許
會想要談談事情的發展。你覺得呢？」

　　對於一個遭逢困境的學生來說，老師提出每週
會面一次的提議，可能是很窩心的事情；學生知道
老師願意定期和自己見面，會覺得的確有人關心自

己的處境。另一方面，即使學生並未接受老師的提議，但是，至少因爲老師關懷的心意使她覺得好一些。此外，對老師來說，定期性的面談也可能更易於安排自己的時間表，清楚地知道自己一天當中有哪個時段是固定的，而哪些時段則可以用來處理緊急或臨時的要求。

結論

所有這一類型的面談一定包含「未知」的元素。老師不會知道學生要說什麼，也無法眞的爲所有可能的狀況做準備。然而，如果老師記住傾聽的技巧，試著放鬆，全心全意地聆聽，不要在心裡盤算著自己應該如何回應，她將能夠幫助學生探索自己的想法。每個人都有自己的風格，然而，如果老師牢記、勤加實踐這些基本的聆聽與回應技巧，以了解學生的想法，學生一定會覺得自己受到尊重與重視。無可避免的是，有時候老師不容易察覺學生的感受，也可能很難接受學生的想法，但是，如果老師自己不能包容這情緒或沉穩地予以抑制，很多

學生一定都能感覺得到。有時候，良好的傾聽和回應是輕而易舉的事情，有時候卻很困難。有些學生可能令老師心力交瘁，然而，這也是教師的輔導工作中最值得付出的一部分。

第四章

諮商技巧的運用

　　教師使用諮商技巧的目的之一是讓學生「認清
自己的感覺、想法和行為，並且在適當的時候作更
深入的探討」（BAC 1995 ： C.5）。這是指讓學生無
須在恐懼或可能受到責難的陰影下，有機會面對、
瞭解自己的感受。僅僅對學生說：「儘管說吧！」
是不夠的，老師還必須表現出值得信賴的態度，學
生才可能很安心地說話。這種安全感必須透過清楚
的界線才能建立；這些界線指的是在專業、身體與
私人間等方面的分野。

　　諮商工作必須在關係中進行；信賴，是此一關
係的基本元素之一。信賴是需要時間才能培養的，
而且每個學生的情況也會有所不同。青少年的生活
中如果有令他們覺得可靠的人物，往往比那些曾經

受到成人欺騙或對大人們失去信心的孩子，較願意
信賴老師。這種情況在一些曾經有受虐經驗的孩子
身上更加明顯，教師在協助這類學生時，會遭遇較
大的阻力，因為學生並不輕易信任老師，他們往往
會試探老師是否真的靠得住。

運用諮商技巧時，必須讓學生有充分的時間與
空間去了解、釐清自己的問題，並且根據自己的想
法與結論作出有意義的決定，而不是一味照著別人
的話做抉擇。說起來似乎很簡單，但在實踐上卻是
一個複雜的歷程。當學生正在與自己的問題搏鬥
時，聆聽者必須有耐心；對老師來說，解決的方式
可能再清楚不過，但是最重要的是讓學生找到自己
的答案。輔導者所運用的各種技巧即是為了創造一
個適合的環境，使這個歷程更加流暢。

如果教師能夠認真地看待、探討學生的恐懼
感，對學生有很大的安慰作用，特別是當這些恐懼
總是揮之不去的時候。舉例而言，學生的母親或許
正在醫院進行活組織檢查，此時，與其敷衍地說
「一切都會很好」，不如和學生談談最糟的情況──例
如她可能必須面臨母親的死亡或罹患癌症的事實。
對學生來說，若老師能接納她的驚惶和憂心，或許

就是最大的安慰。生命是一個難解的問題；如果學生看到自己信任的長者是以如此寬宏的態度看待生命的不確定性，對她來說是很有幫助的。面對學生的憂慮，不論聽起來多麼荒謬，最重要的還是繼續聆聽，而不是試著排除這些憂慮。就算老師駁斥學生的憂慮，這些感受也不會因此消失；惟有藉著探索憂慮，才可能降低憂慮的強度，並且學會處理這種情緒。

有時候老師可能覺得沮喪而無助，很想要有所行動。無助的感覺──特別是面對生命末期、死亡或重大災難時，往往都是非常真實而強烈的，如果老師可以試著面對這種感受，不要非得有什麼具體行動，只要讓自己能夠坦然地和學生站在一起，即使是這樣，也足以給學生很大的支持。不論學生是如何地難過而絕望，只要能和他們並肩而坐，也能幫助他們了解這些情緒不但是正常的，也是可以克服的。

界線

　　「界線」一詞經常出現在諮商的各種研究中，其重要性在於它強調了設定限制所帶來的安全性。父母和老師都知道學生會試著探測他們的底線究竟在哪裡，特別是青春期的學生更經常這麼做。因此，諮商的目標即是建立一個安全而穩定的環境。如果讓學生像脫韁的野馬一樣無拘無束，儘管一開始會令他覺得興奮至極，最後免不了會感到迷惑而失落。藉著建立明確的專業界線和私人界線，可以創造一個安全而可靠的環境。

專業界線

　　教師的角色有所限制，這些限制是針對保密性與法定責任而言。由於第六章將進一步探討保密性的問題，此處僅簡單說明。如果教師很清楚保密的界線，她對自己的角色將更有信心。在平日與學生

的接觸中，這個問題不見得會浮現，然而，當學生開始提到他們的秘密、並且希望老師保密時，老師必須對此有所警覺，在這種狀況下，最好能夠先暫時打斷學生的話，不要讓學生接著說：「但是你不會告訴別人吧？」老師應該先敘明：「我想，我可能要先跟你說明一下，一般來說，學生對我說的話，我都會保密，但是有一些例外的情形。所以，我希望你知道，有必要的時候，我可能會讓導師知道某些事情。」這麼做當然會阻礙雙方對話的流暢性，但是，老師最好還是讓學生弄清楚這個狀況以後再決定要不要繼續說下去。在很多案例中，學生通常會以保密性的問題作為開場白，例如：「我跟你說的事情都不會有第三個人知道嗎？」或「如果我告訴你一件事，你會不會跟我爸媽說？」此時就是教師對學生說明保密性的時機。如果學生說：「你答應我不告訴任何人？」老師不應該輕許承諾。面對這種問題，老師可以對學生說：「我不能向你保證。不過，如果有必要把我們的談話告訴別人時，我會先讓你知道。」（詳見第五章、第六章之揭露）

　　不要在任何揭露或實際安排之前就許下承諾。

舉例來說，如果學生問：「你答應到時候會和我見面？」老師必須要先弄清楚學生的意圖，此時不妨對學生說：「我沒辦法保證到時候一定可以和你見面，不過，我可以和你約個特定的時間碰面。萬一我真的沒辦法到，我也會想辦法事先通知你。」學生之所以提出這樣的請求，可能是因為過去曾經有人令她失望，使她變得不容易信任別人。因此，老師一定要讓自己成為一個值得信賴的人。

有時候學生可能希望在上課日和老師談談，對老師來說，這可能很不方便。面對這種狀況，老師應該要掌握住個人的原則，或許在上課前或放學後簡短地和學生談一談，讓學生知道老師願意另外再找時間見面，以減輕他們的不確定感或不安全感，特別是當他們面臨危機的時候，這一點很重要。

同事

除非是出於學生的意願，教師不要告訴同事們關於學生的事情，因為學生會將此詮釋為「閒言閒語」，以致於降低對教師的信賴。當卡爾特老師說：「我聽丹妮兒老師說⋯⋯」這是不恰當的，因

爲如果丹妮兒老師需要和卡爾特老師談，她應該先
和學生商量。老師辦公室裡面會聽到很多關於學生
的種種，老師們應該分清楚自己究竟只是無意間從
他人的對話中聽到這些訊息，還是基於自己的專業
能力而受到告知。

　　當學生提到某個特定的老師時，無論如何老師
都要避免涉入，不要提出自己對該名教師的看法或
評論。「喔，我了解你對泰勒老師的看法，他就是
這樣，不是嗎？」這種說法並不專業；老師應該先
弄清楚學生的經驗：「你在上自然課的時候，是不
是有什麼問題讓你沒辦法安定下來上課？」很重要
的一件事情是，教師絕對不要靠邊站，加入學生的
說長道短，或是讓學生在老師之間玩兩面手法。

角色衝突

　　由於教師往往扮演多重角色—教育、行政、評
鑑、謀職指導等，因此，角色衝突可說是無法避免
的問題。對於負有多重任務的班級導師來說，各項
職責和輔導工作之間的衝突性可能更加顯著：評
分、撰寫報告、聯絡父母、處理轉學事宜、調查各

種申訴、答覆質詢、懲戒、安排並參與課外活動、聆聽學生的憂慮和沮喪等。代理導師安瓊斯說她發現自己無法有效地同時扮演代理導師和諮商者的角色（1984），而另一名導師亞利克荷登則認爲自己可以做得來（1971），這係涉及學校的風氣、輔導工作的整體傳承、時間的分配和支援的多寡。有些方法可以用來減低角色衝突性，例如釐清每一個角色及其責任分際。此外，明確的政策指導也可以幫助教師和學生更清楚自己的責任與義務。

選擇立場

當老師運用諮商技巧面對一小群學生時，例如處理學生恃強凌弱的問題，應該要注意自己是否公平地對待每個學生，避免某些學生覺得自己被邊緣化，以致不接受最終的討論結果。孩子們很重視「公平」，只要他們認爲結果是公平的，即使不滿意，通常也會願意接受。老師在讓每個人都發言、釐清哪個人做了哪件事以後，才能提出自己的意見。面對家長的時候，這也是很重要的。這麼做不是爲了讓老師選擇自己要站在哪一邊，而是要仔細

地聆聽雙方的意見。當老師面對有關種族、性別、年齡歧視的爭論時，不免會覺得很棘手，此時不妨運用感受、釋意、總結的技巧，來促進良好的效果。

父母

透過學校明確的政策指導，老師才能了解自己對家長的責任所在。或許老師覺得家長應該會樂於接受諮商，而且也能從諮商中獲得好處，但是，老師的輔導責任並不及於家庭。如果家長的危機影響到學生，教師必須要很清楚自己職責的界線為何，不要過度膨脹自己的責任。此時，比較好的辦法是有技巧地建議其尋求全科醫師（G.P.）、關係協會（Relate）或其他諮商中心。

每一次和家長見面，教師都必須很清楚地知道目的何在，也應該視問題之本質，考慮是否讓學生加入這些會晤場合。不過，無論如何，教師如果可以先向學生說明和家長會面的目的、以及為什麼學生需要／不要參與，將會有助於諮商之發展，因為這涉及信賴的問題，而信賴是需要透過明確的溝通

才能建立的。

如果老師需要家庭訪問，可能會面臨一些實際上的難題，最常見的不外乎是電視、收音機、寵物或小孩子的干擾。在進行家庭訪問之前，教師最好能夠以電話和家長預約時間，以免讓唐突的造訪打斷了正在用餐或觀賞電視節目的家長。如果電視是打開著的，就不大可能討論正事。老師可能說：「我可以停留半個小時，有幾個問題需要討論。我想，或許關掉電視會有幫助，因為我知道我自己會分心。」或「你介不介意把收音機關掉，我想這樣我們比較專心一點。」如果有寵物或小孩在家以致於造成干擾，可能也有必要直言不諱地讓對方知道。

有時老師也要考慮到某些家長可能不諳英語，或英語並不是這個家庭的母語。面對這個問題，過去有些學校會讓學生擔任翻譯的工作，但最近這種做法漸漸遭到詬病，一方面，這對學生來說並不是個合理的要求，另一方面，翻譯內容亦不見得可靠。有時教師可能會透過親友或其他教職員的協助，達成與家長溝通的目的；然而，由當地居民擔任這類的傳譯工作是否適當，似乎有待商榷。此

外，透過第三者所進行的討論，在轉達思想、意見
或感受時，無可避免會發生失真或扭曲，有時甚至
比讓學生自己擔任傳譯工作更糟糕。

權力與權威

　　老師對學生具有有相當程度的權力，即使她並
不明顯地運用這些權力，學生仍然對此權力關係有
所意識。除了某些特殊的生活經驗以外，這種不均
衡的權力關係也會造成某些學生不願意信任老師。
有時候老師對於年齡、地位或權力關係的差異性可
以泰然處之，但是學生卻無法自在地面對這種關
係。特別是新上任的教師，在還沒建立對於教師角
色的信心，而且還沒熟悉學校的制度，很容易就忽
略了這個重要的互動問題。

　　當學生談到私人的問題時，可能會覺得自己脆
弱不堪，此時老師更要尊重學生所表達的任何想
法。在沒有得到學生的允許之前，老師不應該和其
他教師或學生的家長討論有關學生私人的問題。更
重要的是，老師在處理有關紀律懲戒的事宜時，絕
對不應該受到這些私人訊息的左右。有關師生之間

的權力不均衡、角色衝突及私人情報的炒作等問題，可以參考英國諮商協會（BAC，British Association of Counselling）的《運用諮商技巧之工作者的道德與實務指導規範》（Code of Ethics and Practice Guidelines for those Using Counselling Skills in their Works，BAC 1999）。

實際的安排

場所

和學生或家長見面時，應該儘可能選擇一個安靜、不受干擾的房間。學校裡的各種場所常常都受到高度密集的利用，但是如果老師需要和學生或家長面談，應該能夠優先使用適當的面談空間。面談的場所不一定要很寬敞，也未必要有齊全的設備。一個理想的面談房間最好能夠容納大約二到三人，並且可以擺置三張相同而舒適的椅子；一個咖啡桌和一盞小燈，可以營造出一種非正式而輕鬆的氣氛；一盒面紙或一個時鐘也是必要的物品，但是不

見得要有泡茶或泡咖啡的器材。房間應該讓人覺得
自在而舒適，而且應該避免選擇周圍有過多噪音的
房間，以免造成注意力的分散，因此，不妨考慮使
用有隔音設備的空間。

安靜的空間可以讓學生或家長覺得面談是隱私
性的活動，同時也令他們覺得受到尊重，同時也減
輕老師本身的壓力。有些學校會設置一兩個面談專
用的小房間，以供預約使用；如果沒有這種場所，
不妨從年級辦公室中挪出一些空間作為面談的小隔
間。面談的場所往往需要老師的巧心安排、並視學
校狀況而定。此外，房間的狀態也需要「使用
中」、「空房」等標示加以呈現。有些老師會以敞
開或緊閉的大門，來表示自己現在有空或忙碌。

設備不佳未必會影響面談的品質，但是干擾卻
可能使學生和老師分心，以致降低面談效果。老師
一句「我們剛剛說到哪兒了？」，可能令人覺得很
洩氣。只要在面談之前稍加思考，通常可以很輕易
地避免或減低干擾。外界的干擾不但阻礙了討論的
流暢，也會使老師無法專心地聆聽。即使只是接了
一通電話，不論來電多麼簡短，也可能讓學生覺得
自己好像佔用老師處理他事的時間。總之，與其花

很多時間、卻干擾不斷，老師還不如給學生完整的三十分鐘。

我們不建議老師以自己或學生的住處進行個人諮商事務，因為這麼作可能會使專業分際與友誼關係之間的界線變得模糊不清。

面談的長度

老師最好能夠掌握面談時間的長短，以避免讓時間對自己造成壓力。通常老師可以把面談的時間設定在十五到三十分鐘之間，通常不需要超過三十分鐘。如果還有未討論的問題，老師可以安排另一次的面談。有時候師生間可能需要較長的面談時間，但是無論如何，最好能夠保持在五十分鐘以內。在某些情況況下，老師可能有必要進行一些非正式的接觸，特別是面對重大危機的時刻。舉例來說，老師可能會建議在某個時期（如最近的四到六週內）師生雙方可以每週見面。

如果老師發現當次的諮商晤談仍然無法處理學生的問題，最好不要延長時間，而是擇日再談。一旦老師延長原來預計的諮商時間，一來她可能會感

受到時間的壓力，二來也會打破慣例。老師可以對
學生說：「我們還有十分鐘左右，我想我們來不及
充分地討論你的問題，所以或許我們應該再找個時
間見面，你覺得如何？」如果學生用了較長的時間
才進入正題，老師有必要思考自己是否花了太多時
間和學生閒聊，以及是否並未善用聚焦的技巧。

　　結束面談不管對老師或對學生來說，都不是一
件容易的事。如果師生彼此有固定的面談時間，每
一次好像都談不完，雙方不妨針對這個問題討論一
下。或許老師可以試著延長每一次面談的時間，但
是減低頻率；也或許可以反過來試試更密集的面
談，但是縮短每一次見面的時間。老師可以說：
「我發現時間好像不太夠。談了十五分鐘以後，我
們好像才準備開始談到你的煩惱。」某些時候老師
有必要指點學生，讓他們很快進入問題核心，因為
有些學生可能覺得先和老師聊一些瑣事，是比較有
禮貌的做法。

　　終止一次正式的諮商晤談，就是 Bierkens 所說
的「門把現象」（door handle phenomenon，引自
Lang 和 van der Molen 1990： 133），即使是非正式
的諮商也會發生這種情況：學生正開始要談到他的

問題時，也就到了該離開的時候。在這種情況下，
老師最好能夠讓學生知道，這次諮商已經談到重要
的問題，但是沒有時間好好細談：「你剛剛說的那
個問題的確很重要，但是我們的時間不夠，沒辦法
仔細談。我在想，你願不願意再找個時間好好地談
談這個問題？」也許這多少會令雙方覺得很失望，
而且也有種想要繼續談下去的慾望，但是，堅持原
來預定的時間、不要延長，對老師來說是很重要的
一件事。當然，有時免不了會有例外，但是最好還
是盡可能地避免這種狀況。

　　如果老師需要定期和學生見面，最好思索一下
如何適當地減低頻率與長度，並且和學生商量這個
問題。學生在經歷過一段危機以後，需要一些調適
的時間，相較於覺得自己突然遭到拒絕或遺棄，如
果學生可以感受到老師的支持與後盾，她將較有機
會建立解決問題的信心與能力。

假期

　　當較長的假期即將到來時，老師有必要考慮學
生可能因為假期而失去主要的支援。如果老師和學

生已經定期地進行諮商面談，則應該在放假前數週和學生討論各種因應方案。有些學生很依賴朋友，特別是當他們無法從家庭獲得所需的支持時，會轉而向當地的其他組織—如年輕人的社團或生命線等，尋求協助。暑假，是一個較令人憂心的時期，因此，如果老師在假期間偶爾會到學校去，不妨安排時間和學生見面。雖然在假期中安排一次諮商可能有所幫助，但是學生可能仍然覺得七週的假期實在是一段很長的時間。老師必須經過審慎的評估之後再決定是否要在假期中安排諮商，而且應該將這種諮商方式視為例外，而非慣例。

紀錄

　　有哪些訊息應該納入學生在校紀錄中，是一個值得老師思考的問題。有些學生會特別關切這個問題係因為這可能影響他們申請升學或求職的結果。根據法律規定，在某些例外的情況下，年滿十六歲的青少年有權利申請閱覽自己的在校紀錄；如果子女未滿十六歲，通常父母也可以申請查閱孩子的在校紀錄（1989年教育規章第四條第一款、第六條第

一款）。有關保護兒童紀錄，請見第六章之取得紀錄。

私人之界線

對某些老師來說，這是一個難題。這個問題涉及老師對於自己與學生之間的關係有何看法，以及是否符合老師在私人與專業方面的需求（見本章稍後之自覺）。教學工作是一種專業的關係，即使這種關係很友善，也不屬於朋友間的情誼。友誼是雙向性的交換與分享，並且構築於信任和信賴之上。儘管有時候友誼可能只是單向性，但是本質上它仍是一種相互而平等的關係。把諮商或使用諮商技巧視為友誼，非常容易產生誤導作用。諮商關係所需要的某些特質，可能和良好人際關係中的某些要素很類似，但是兩者之間有一個很重要的差異：輔導者可以藉由提供幫助而覺得非常滿足，但是這並不是一個雙向的救助關係。Noonan（1983：vii）指出：「諮商填補了精神治療與友誼之間的空隙。」

通常教師會很體貼而好心地把自家的電話與住

址給學生，但事實上這麼做卻可能產生某些後遺症。這些訊息可能遭到濫用，例如學生可能在不恰當的時間打電話，或是動不動就打電話給老師，令老師備受干擾。有時學生意外的來電打擾了正在處理其他問題的老師，此時，老師會覺得無可奈何，學生也不免會覺得自己好像被拒於門外。一旦原來的界線鬆綁，就很難重新建立正常的師生關係。因此，老師應該儘可能在上課日提供學生協助，如果學生真的需要額外的協助，此時可能就有必要聯繫其他機構了（見第五章之轉介建議）。

直呼名字

有些學校裡的教師和學生會直呼彼此的名字，而且也不會覺得不自在。不過，在大部分的學校中，通常學生還是會加上頭銜來稱呼老師。在正式的諮商中，有時諮商者會讓接受諮商者直呼自己的名字，但是在學校中，教師最主要的身分仍是教師，所以最好還是遵守學校的慣例。一方面，這樣的禮節形式亦有助於維持專業的界線。同時，當老師因為不同的職務內容而接觸一名學生時，學生也

不至於感到混淆。

肢體接觸

　　一般來說，肢體接觸的爭議指的並非像握手這類的社交性動作，而是指以其他方式碰觸學生是否適當。這個問題的困難處在於，有些肢體接觸對某些人來說可能很適當，而且有安慰鼓勵的作用，但是對某些人來說可能就會覺得受到侵犯。特別是有些學生可能曾經遭受不同程度的性侵害，老師很可能並不知道學生的過去，也無從臆測學生是否接受、預期某些肢體上的接觸。此外，文化與性別的差異也會使個體對肢體接觸有不同的看法。每一個社會對於可以碰觸哪些人、可以被哪些人碰觸、可以碰觸的部位、碰觸的方式及時機等，都有一定的準則。舉例來說，如果學生因為親人的逝世而哭泣，老師可能會很自然地用手拍拍學生的肩膀；然而，並非每一個人都接受這樣的肢體接觸，也不見得覺得感激；如果是男性教師以這種方式安慰女性學生，接受度可能更低。不採取任何肢體接觸，而是透過共鳴的反應，仍然有可能傳達瞭解與同情。

教育與就業部指南 10/95（DfEE, 1995b）建議教師
「敏銳地觀察學生對肢體接觸的反應，並且採取適
當的行動。」關於需要特殊教育的學生，該指南並
做了如下的建議：「在教導特殊教育學生時，例如
視障學生或是有嚴重而多重學習障礙的學生，肢體
接觸可能是必要的一部分。設有特殊教育的學校可
以考慮建立明確的準則，讓教職員可以在表達支持
與預防濫用之間找到平衡點」。

自覺

　　在諮商技巧訓練中有一個重要的元素—發展高
度的自覺，特別是關於個人價值觀、信念與偏見的
自覺。面對不同的價值觀、態度或經驗，輔導者必
須懷有開放的心胸；此外，對於工作的個人性動機
或自身在身體與情緒上的需要，輔導者都應該保持
自覺。

　　當學生在性別、人種、民族、年齡、性傾向、
階級、經濟地位上或身體有所殘缺而顯得與人不同
時，教師的自覺也就特別重要。人們對於他人生活
或經驗的認識，常常來自於觀賞電視或電影、閱讀

小說及詩文或旅遊的經驗，但是，個人自覺有一個
重要的面向，即來自於內省與分享。個體經常以非
正式的方式從同事、家人或朋友身上獲得正面的回
饋，此外，參與訓練、研習、經驗課程或角色扮
演，也有同樣的效果。與他人分享自己的感受或想
法、從回應中瞭解自己的能力與極限，雖然不可避
免地要承擔自我揭露可能帶來的風險，但卻是非常
重要的一件事。

　　有幾個不同的問題可以檢測出教師的基本價值
觀和信念，並且突顯出自己與他人之不同─包括墮
胎、收養、離婚、犯罪活動、毒品與自殺。老師面
臨這類問題時，應該對自己的態度有所自覺，以免
將自己的價值觀強加於學生身上。雖然有些價值是
普遍當然的準則，如殺人是錯誤的行為，但是大部
分的問題卻往往有各種不同的看法與意見。老師或
許認為父母「為了孩子好」，應該不要離婚；相反
地，老師也可能認為不愉快的婚姻關係對孩子的傷
害比雙親分居要來得更大。想法的形成係基於個人
的生活經驗、宗教教義、大眾輿論或個人觀察，對
於學生的各種意見或信念，老師必須有所意識，而
且不要加以批評或妄下結論，而是試著加以探究了

解。

　　在第二章，我曾經提到教師在聆聽學生說話時可能會因為外在的噪音而分心。事實上，還有其他因素也會顯著地影響注意力，例如學生的外表、行為舉止、老師的焦慮、倦容或還有其他要事纏身等。如果學生很討人喜歡，可能比那些不怎麼有人緣的學生，容易凝聚老師的注意力；如果學生的髮型、化妝、衣著、首飾或刺青實在很搶眼，老師也可能因此分心；如果學生口齒清晰，老師可能比較容易專心，相反地，如果學生發音不清或結結巴巴，老師可能就不大容易了解學生的話。無論如何，老師應該要很清楚自己是否受到學生的影響，以及自己應該如何和不同的學生相處。

　　由於學生的外表、性別、種族、宗教、身體殘缺或性傾向，可能使老師的刻板印象發生作用。或許老師對於差異性的確有所認知，但是卻無法完全了解某些特定學生的經驗或文化規範。當一名白人教師在少數族裔團體中工作，或是當一名黑人教師在白人多數的學校中，這種情況會更加明顯。想要完全保持中立地聆聽每一個人說話，的確有困難。最常見的情況是：老師根據個人的先入之見，篩

選、過濾訊息，而這種歷程未必能夠完全加以辨識。Hall（1977：85）曾經鞭辟入裡地說：「文化的功能之一，就是在個體與外在世界之間，建立一張高度敏感的篩網。文化以各種不同的型態，讓我們注意某些事，也忽略了某些事。」老師必須對於自己的文化背景和文化規範，培養出高度的自覺，並且以接納的態度認識他人的文化，無論這些文化是否和老師自身的文化有所差異。自覺，是打破偏見與無益的偏差之第一步。

個人需求

儘管擔任教師是個很值得的工作，但是龐大的工作量經常成爲壓力來源，因此，老師必須思考自己究竟應該投注多少時間在工作上，也必須了解自己的首要任務爲何、應該把精力放在哪些事情上、自己有多少資源等問題。如果老師承受過度的壓力，結果通常是賠上健康與心力交瘁（見本章的壓力與心力交瘁部分）。

老師和學校必須共同配置輔導工作的資源與時

間。老師經常利用工作期間的空檔和學生見面，學校管理單位往往低估了輔導工作需要的時間，導致過度剝削了一些比較熱心的老師。老師在從事輔導工作之前，應該先衡量自己的資源與穩定度，而且對於自己的時間也要有所堅持；當然，在緊急狀況下必須保持某種程度的彈性，但是，為了不使自己負荷過高的工作量，老師一定要設定實際可行的界限。

　　老師所做的工作必須在自己的能力範圍之內，如果總是有求必應，那麼她不僅會疲憊不堪，也容易忿忿不平、缺乏效率。對於自己的角色、能力、時間有明確認知的老師，會比那些企圖處理每個問題或受過良好訓練的人來得有效率（見本章稍後之能力範圍）。

　　老師在從事各種諮商工作之前，如果受過一些基本的訓練或讀過相關文獻資料，將會比較得心應手一些；我們很難期待一個完全沒有受過訓練的老師可以懂得如何進行諮商輔導。儘管老師可能有些關於諮商的基本常識，但是常識是不夠的，這項工作畢竟還是需要有技巧才能獲得較高的效率。為了避免落入這一類陷阱，教師應該仔細審閱本章與下

一章所討論的各項議題。同時，高層管理單位也應該關注這些問題，如此一來才能撥出經費規劃相關訓練。

　　教師在情緒方面的需求，也是另一個複雜而重要的問題。所謂的自覺，應該包括教師對個人動機的檢視。利他主義（altruism）是一個令人質疑的概念，老師不應該藉著學生來滿足自己的情緒需求或逃避自己在學校內外遭逢的問題。如果老師很喜歡感受到學生對她的依賴，那麼，她很難教導學生變得獨立；反而可能很不自覺地讓學生變得更依賴她。同樣地，有些老師樂於感覺自己被人需要，因此接受了大量的諮商工作。雖然諮商工作可能有其令人喜愛的一面，但是老師千萬要清楚自己是否把諮商當成某種生活方式的替代品。

　　在專業的諮商工作中，很多人對於支援都有偏高的需求，問題就在於如何滿足這些需求。教師可能需要省思她的支援系統，檢視應該如何適當地滿足自己的需求。正如 Appell（1963：148）所說，「諮商工作者本身就是輔導關係中最重要的資源，很難想像，如果諮商者連自己的情感需求、對自我或他人的期許、自己在輔導關係中的權利與義務都

不清楚，怎麼可能有足夠的敏銳度去面對受輔者。」

　　另外一個需要考量的面向是關於教師對於「成就」的需求。如果目標是要達到「成功」，那麼，就有必要先定義何謂「成功」：成功，是由誰判斷？如何判斷？很多學生接受輔導，但是卻未留有任何有形的「證據」，戲劇性的「成功」也許根本不可行，如果將成功視為目標，可能使老師陷入不切實際的壓力中。對老師而言，成功的需求往往意味著她會選擇性地幫助某些對象—或許她只選擇聰明、自發性較高的學生，而拒那些難搞或平庸的學生於千里之外。

　　如果老師有管理或組織他人的需求，或是需要覺得自己聰明過人，那麼，她將不容易讓學生談白地表達感受，也可能難以建立信任感，而且不會給學生太多時間去思索自己的問題、找到解決方法。

自我揭露

　　關於自我揭露的爭議很多；所謂自我揭露係指輔導者對受輔者進行其私人事務之揭露。在諮商

中，唯有為了幫助他人進行自我探索與自我了解的目的以外，才能從事自我揭露；而且自我揭露必須適可而止。自我揭露應該是為了讓受輔者可以敞開心胸地討論，或是促進他們的自我了解。如果老師的自我揭露不但沒有讓學生覺得好過些，反而加重了負擔，自我揭露可能產生誤導或無效的結果。此外，教師也必須了解，一旦透露生活經驗的細節，不管重要與否，都可能被加以散播。每個學生的成熟度不同，而且老師不應該期望學生會為她保守秘密。

自我揭露之所以要三思而後行，有許多理由。有些研究發現，輔導者的自我揭露可能會嚇到受輔者，同時也有損輔導者的專業形象。自我揭露也可能把討論的焦點從學生轉移到老師身上。此外，如果老師喜好自我揭露，也可能會產生問題。Schwarts 和 Abel（引述 Truax 和 Carkhuff 1967：218）強調：「心理治療師不會利用病人來解決自己的問題或獲得成就感。病人有權力用自己的方式解決問題、滿足自己的需求，但是他們並沒有義務滿足治療者的需要。」

基於上述理由，輔導者提供私人的細節資訊往

往沒有太大助益，如：「在我高中最後一年，我記得我爸爸要我申請牛津唸歷史，但是我媽媽希望我住在家裡。我們吵了又吵，其中有一次吵得最兇……」。如果老師想要表達理解，比較好的方式是給予學生共鳴的回應（以類似經驗），例如：「當你快要高中畢業時，好像必須做出許多決定」。

壓力與心力交瘁的感覺

在日常生活中，人們往往需要一定程度的壓力，才能有適當的表現。然而，如果承受太多壓力，將會有不同的後果，包括生理上（偏頭痛、頭痛、視覺的疲憊）、情緒上（憤怒、否定、焦慮、意志消沉）、行為上（遲到、貪食或厭食、失眠或嗜睡、無法獨處或、無法與人相處），此外，也可能造成思考歷程的混亂（無法釐清思緒、無法集中精神、記憶力變差、優柔寡斷等）。這些由壓力造成的後果和學生或老師都有關係。

心力交瘁（burnout）一詞經常被用來描述無能為力、無助、疲憊與毫無熱情的個人處境，Edelwich（1980）認為，心力交瘁的歷程可以分成

四個階段，分別為滿腔熱情、停滯不前、灰心喪氣、無動於衷。針對第二階段，Newman和Newman（1979：43）寫道：「他看不見自己有照顧、教育、引導他人的潛力，身陷於保護、維持自我的掙扎中。」要走出這個階段，必須先認清處境。

表4.1　可能造成心力交瘁的因素

心力交瘁可能來自於：
- 持續不斷承受在期限內完成某事的壓力
- 長期從事需要大量精力的工作
- 一次又一次重複同樣的工作
- 缺乏對他人的信賴
- 在艱難的處境中和不好相處的團隊共事
- 個人遭逢難以解決的問題，如健康或婚姻
- 不切實際的目標
- 缺乏相關的訓練
- 資源不足
- 時間不夠
- 未能受到同事或上司的支持與鼓勵

- 在工作上蒙受批評、羞辱或不當對待
- 缺乏放鬆的機會
- 未能滿足個人需求
- 對他人投注大量精神與情感，但是卻毫無結果

　　雖然這些原因未必特別針對教師的輔導工作，然而，當老師在教學工作上已經承受高度壓力時，還必須從事需要投注大量情緒的工作，她很可能覺得心力交瘁。教師們對於這些壓力並不陌生，而各種壓力集合起來以後，的確會導致他們覺得身心俱疲。

　　然而，這並非無可避免的結果。其中一個方式是學校和教師應該對這些因素保持警覺，並且了解實際的需要究竟爲何。就任何諮商工作而言，適當的訓練、專業上的支援、監督與商議、足夠的設施、充分的時間、政策上的引導、清楚的職責劃分等，都是必要的。除此之外，每個老師必須衡量自己的能力，找時間放鬆自己、滿足自己在感情、友誼等方面的需要。

能力範圍

對於從事諮商工作的教師來說，能力範圍的概念非常重要。老師或許能夠自行處理很多問題，然而，有些問題卻需要借助於同事或其他專業人士，如諮商專家、心理醫師或精神分析師。對於自己的職責範圍、在知識與技能上的極限，老師必須有清楚的認知，這是她在專業領域上應該具備的特質（見第五章之轉介）。英國諮商協會（BAC）強調：實踐者有責任在能力範圍之內從事工作（BAC 1999：C.4.2）。

如果教師可以在能力範圍之內工作，比較不會覺得壓力過大。相反地，如果她所面對的問題常常超過自己的訓練所及，很容易陷入精疲力竭的情況。此時，她最好能夠向學生介紹相關的專門機構，並且提供後續的支援，而不是不知所措地面對學生的問題。通常這些專門機構都可以提供相關支援。此外，若老師能夠學習、運用諮商技巧，將能有效地提升自己處理暴力問題、感情或喪親問題的能力。

　　不過，學生的問題不見得總是以俐落而明確的樣貌呈現，老師在學校面對的許多問題可能需要特定的協助，但是有限的公共資源往往使這些問題被列入長長的候補名單中，導致這些被視爲嚴重、需要專業協助的問題卻遲遲無法解決。資源短缺的問題非常複雜，並且容易衍生責任歸屬的問題：這是學生的問題？父母的問題？學校的問題？還是服務提供者的問題？老師往往只好在放學之前和學生見面，苦思自己可以幫得上什麼忙。

　　因此，老師必須認清自己的責任所在，才能有效地提供協助，在有限的時間與能力中從事輔導工作。老師不可能獨力解決所有問題，也不可能具備解決每個問題所需要的時間、訓練或能力。如果問題已經超過了老師的能力範圍，就有必要提出問題並且和學校高層管理單位或相關主管人員討論，必要的時候，甚至應該考慮是否應該設置專門的諮商職位。

　　總之，如果老師可以釐清自己的角色、義務、責任、可用的時間與明確的政策方針（每個學校都應該有政策聲明），她將可以更有信心地面對諮商工作。此外，清楚的轉介制度、某些特定資訊應該

易於取得（如有關毒品的資訊）、政府或志工機構的相關細節等，都有助於教師諮商工作的進行。最後，適當的訓練、支援、諮詢管道、以及回饋，也能有所助益。

訓練

英國諮商協會的《運用諮商技巧之工作者的道德與實務指導規範》建議：「執業者有責任確保其使用之諮商技巧經過適當而充分的訓練」。（BAC 1999：C.4.1）

訓練的需求可以從兩種層次獲得滿足。第一，教師可以參加基本諮商技巧課程、進階諮商證書課程或當地大學院校所規劃的學分班。他們也可以參與專業議題的講習班，例如暴力、喪親、吸毒或酗酒等問題。其次，學校內部可以邀請相關人士提供教師所需要的訓練，例如提供壓力管理方式、暴飲暴食、自殘行為等相關訊息，並且可以將這類訓練納入在職訓練課程中。

英國有許多教育訓練的機會，教師或學校可以向英國諮商協會或當地的大學院校詢問相關訊息。

此外，教師與學校必須確定這些課程授予哪些資格證明、以及該課程設計是否適用於學校環境。

支援

教師不僅在教學工作上需要支援，在輔導工作上亦然。學校內部應該有人可以提供教師建議，並且與之討論道德議題。理想的人選最好不要是教師的直屬上司，如果這類諮詢機制運作良好，教師會很願意坦承自己的無助、無力或適應不良；但是通常教師很難直接向直屬上司坦白地表達這些感受。不幸的是，學校裡越資深的教師所獲得的支援往往最少，在這種情況下，各校的資深教師不妨組成互助團體，分享工作上的種種。對於新老師而言，也有不同的壓力：她可能害怕別人看出自己的無能，因此不願尋求協助或表達自己的憂慮。因此，最好能夠由直屬上司以外的人提供相關協助。

Egan（1986）曾經提到教師工作的前三年所遭逢的各種困境，並探討從學生階段經過新手教師，到變成專業教師的歷程中，若有專人（mentor）的協助是否能夠使這個歷程更加順利。他認為教學工

作對於新手教師而言，可能是一種「專業的寂寞」，因為大多數的時間老師都在教室裡，彼此沒有太多溝通；另一方面，老師也會擔心提出太多問題似乎顯得自己很無能。因此，有些學校會為新教師安排專人以支持、鼓勵新教師。

根據英國諮商協會的建議，「諮商指導對於諮商必須是定期、和諧而適當的」，而且「強烈建議由非管理單位」對使用諮商技巧者進行督導（BAC 1998：B.6.3.3, 1999：D.3）。指導的價值在於提升輔導者的信心、能力與認知上的清晰度，對於問題的思考而言，指導是一種有建設性的制度，最重要的是，它提供教師一個安全而值得信賴的空間，讓他們可以討論工作上的問題。此外，這也有助於教師們認清、處理諮商工作所帶來的情緒性衝擊。

有關教師的壓力及其影響之研究皆顯示，當教師覺得無助、受到貶低、甚至在工作上受到批評時，他們往往會感到沉重的壓力。因此，不管就處理學生問題或維持教師健康而言，指導制度都非常符合成本效益。英國諮商協會建議，當教師健康情況不良時，「如果他們的個人資源已經消耗殆盡而無力承擔工作，應該暫時或永久地停止使用諮商技

巧」（BAC 1999 ： D.4.3）。然而，當老師有足夠的
支援、鼓勵與指導時，就比較不至於發生這類情
況。

結論

　　本章討論教師在從事諮商工作時應該檢視的問
題；在下一章，我們將探討學生可能以哪些方式提
出問題，並且就老師應該如何回應提出實際的建
議。

學生如何提出問題

　　有關陳述問題的概念經常出現在諮商工作與諮商文獻中，也是一個值得探討的議題。這個概念指的是，一個可能是、亦可能不是唯一的問題，最初是以何種方式被提出，它經常被用來檢測輔導者的可靠程度或是否有幫助。這樣的說法並非意味著最初提出的問題不重要或不真實，而是指在問題的表層之下，是否隱藏某些難以啓齒或討論的焦慮。舉例來說，一個學生可能提出有關於學業上的問題（類似無法決定自己應該唸高中或有關申請大學院校的問題），但是飲食失調可能才是她真正的困擾。

　　信賴感對於輔導而言很重要。有些學生過去可能曾經受到成人的欺騙，所以不再輕易地信任他

人，而且傾向於不斷地檢驗他人是否值得信賴，檢
驗的方式可能包括請求協助、透露小秘密、提出問
題、自我貶抑、找輔導者的麻煩、故意爽約、遲到
或質疑輔導者的動機。

學生出於試探而表現的行為很容易導致誤解，
使老師作出直覺的反應，而非對學生的信賴檢驗行
為做出回應。每個學生檢驗信賴的方式都不盡相
同，不過，有些檢驗行為卻可以歸納成足以辨識的
型式。以學生提出的檢驗性問題為例，他們可能會
問：「你是天主教徒嗎？」「你有沒有吸過大麻？」
或「以前你在學校有沒有被欺負過？」此時老師應
該對潛在的問題作出回應，這樣的回應才有可能反
映出老師對學生的處境的確產生共鳴。因此，老師
可以這樣回答上述的問題：「你是不是在想，如果
我像你一樣，都不是天主教徒，會不會比較能夠了
解你的為難？」「你是不是想知道我對吸毒的看
法，或是我能不能了解你的困擾？」「你是不是懷
疑我到底知不知道被欺負的感覺？」

有時候學生會藉著告訴老師一個小秘密，丟出
試探氣球（trial balloon），這很容易讓聆聽者不設
防，而且沒有太多時間思考自己應該如何回應。基

本上，秘密就是學生的問題：「卸下武裝跟你談，安全嗎？」學生最常以關於朋友的秘密提出意在檢測信賴度的問題，如果老師聽了秘密以後，答應保密，同時也不予以批評或指責，學生可能會認為老師值得信賴而且態度公正。

同樣地，如果學生要求老師幫忙，老師的回應對於學生的評估也非常重要。這可能是為了檢測老師的誠意與可靠度。面對不同的要求，老師可以適當地答應或拒絕，但是學生會從老師的回應中判斷她是否誠懇。例如，假設學生邀請老師參加家庭的施洗禮，如果老師的回答是：「對不起，但我必須跟你說我不能參加，因為我的原則是不接受社交上的邀請。不過，我很樂意知道有關於這場施洗禮的種種」，將會比以下的答覆來得誠實：「喔，對不起，我週末有事情。」學生可能會從非語言性的訊息（如說話速度加快、手勢等）察覺出老師的不安，並且從整體印象中判斷這只是老師的推託之詞。

有些學生故意遲到或「忘記」和老師的約會，有時這可能是真的，但是老師也不要輕忽了學生行為中潛藏的試探本質。有些青少年會檢驗大人們究

竟有多大限度的耐心與容忍度。當學生口口聲聲說自己需要協助、但卻老是錯過或忽略獲得協助的機會，老師可能會大為光火。一旦老師的耐力已經到了極限，學生似乎就可以理所當然地證明自己的推論：沒有人關心我。所以，麗莎可能會說：「我就知道西姆先生根本不甩我，每次我去他辦公室的時候，他都已經離開了。」當時間是如此寶貴，學生又用這種方式來試探老師，的確會令人沮喪不已，但是，如果老師可以辨識出這類行為的試探本質，對諮商的進行將有所助益。

自我貶抑是另一種常見的檢測手法：「我知道這樣很傻」、「你會覺得我很笨」，甚至「你一定覺得我瘋了。」學生經常會以下列的方式作為開場白：「你一定處理過很多比我的問題還嚴重的事情」或「我不想浪費你的時間，我相信你有很多比我的問題還重要的事情要處理。」教師應該看出這些話背後的擔憂，此時，給予承諾並不恰當，因為這並不能排解學生真正的焦慮，老師不妨說：「你是不是擔心我會覺得你很笨？」「你認為我不會把你的問題當一回事嗎？」「你是不是擔心會浪費我的時間？」把這些焦慮攤開來談，讓學生了解自己可以

坦白而誠實和老師討論自己的煩惱。

潛在問題的徵兆

　　有些學生很清楚地知道自己的確面臨問題，也想要找時間談談。但是有些學生卻不大確定自己是不是需要幫助，也不知道可以到哪裡尋求援助。有時候，學生的問題已經很明顯了，但是她卻不知道自己需要協助。老師可以藉著學生的變化點出問題所在，這些變化可能呈現在學生的外表（如消瘦、臉色或髮型），亦可能是學生的行為。這些變化的背後可能意味著學生碰到問題了。

接近學生

　　雖然學生遭遇困難，但是不見得希望跟老師討論，因此老師在試圖協助時應該謹慎地尊重學生的意願。或許學生不願透露自己的問題，不過老師如果可以表達聆聽的意願，將會很有幫助。老師可以

對學生說：「我發現你最近有些沉默，如果你想要找人說說話，我會很樂意找時間聽你說」或「我在想，你是不是有什麼心煩的事情？如果你願意告訴我，我們可以找個時間碰面。」如果老師可以概略地提到自己的觀察，並且讓學生知道老師願意幫她，而不是堅持要學生什麼時候、在哪裡來找她談。這樣一來，或許學生會願意對老師說：「你說我可以來找你，所以……」。此外，有些學生可能有必要知道學校裡面還有哪些可以提供協助的人，例如學校護士等。

不願求助於他人

任何人─包括青少年在內─有求於人的時候，多少都會覺得有些沒面子，因此，開口請別人幫忙可能是件不大容易的事。有些學生雖然很想尋求協助，但是又認為這是弱者的表現，因此覺得很憎惡這種求助的念頭。輔導者應該有技巧地幫助學生找到解決問題的方式，而非直接告訴學生怎麼解決；因此，輔導本身是一種賦予力量的歷程，而不

是讓學生變得更無能。但是學生在一開始的時候可能無法了解這一點。如果學生可以透過輔導而更加了解自己以及自己的問題，那麼，輔導歷程等於為她建立更多自尊與信心。老師對於解決的方式可能有自己的想法，但是就輔導的立場來說，她不能夠給學生答案，而是要讓學生很安心地探索、理解自己的問題。有時候問題不一定找得到解決方式，而是只能接受問題的確存在的事實，例如死亡、離婚、分居或殘疾等。

　　並非所有學生都會在學校內尋求協助。或許老師看得出來，學生雖然承受很大的壓力，但是卻不能決定是否要尋求協助。此時，老師可以為學生引介校外人士（見本章稍後之轉介）。這和信賴度及保密原則有關，特別是當學生因為性別、階級、種族、信仰、性傾向或殘疾而成為弱勢族群時，老師不妨提供關於國家或當地資源的訊息給學生。

　　諮商機會應該一律開放給所有學生，而非以條件限制學生進入諮商關係。例如，如果學生在校園有恃強凌弱行為的嫌疑，學校不應限制她的諮商條件或以此作為懲處手段；如果學生想要了解自己為什麼會有這種恃強凌弱的行為，學校應該將此與懲

處程序分開處理。

抗拒

　　很多求助者都會呈現某種程度的抗拒反應。雖然他們極需要協助，但是有些人卻不願意改變，這是很正常的現象，畢竟改變可能很困難。諮商的歷程往往痛苦不堪，特別是當受輔者必須自我檢視的時候，無可避免必須自揭瘡疤，而改變行為或面對傷痛都不是太容易的事。了解反抗的本質是從事輔導前的準備工作，如果輔導者不能了解反抗的本質，將很容易覺得沮喪而無力。反抗會以不同的行為方式呈現，其中可能包括：

・沉默
・敵意
・過度順從
・否認自己需要協助，特別是關於暴飲暴食、酗酒、藥物濫用或自我傷害等問題
・過度多話或言不及義

・開玩笑

　　當老師察覺到學生有抗拒的意思時，千萬不要
覺得自己很失敗，老師或許會不大高興而困惑，並
且覺得自己受到學生的排斥或憎惡。出現抗拒的反
應，並不是老師的錯，而是學生對於受人幫助一
事，很自然會產生不安與猶豫。如果老師不了解這
一點，她可能會變得不耐煩、失去熱忱、責怪學
生，或開始用哄騙的方式安撫學生，也可能降低對
自己或學生的期望，甚至放棄對學生的輔導。

沉默

　　有時學生沉默不語，是因為輔導者缺乏技巧，
也可能是因為學生對於面談的目的或可能的結果感
到焦慮。此外，沉默還可能意味著學生心中還沒有
建立信賴感，以致於無法坦白。此時，輔導者的共
鳴可以派得上用場。輔導者應該思考學生為什麼不
願意開口，並且避免問學生一大串問題（特別是封
閉式的問題）；相反地，輔導者不妨對學生說：
「也許，和我見面令你覺得焦慮。你可能不大確定

我們的談話內容會不會傳出去？」「也許你對於這個面談的目的有些懷疑？」或「是不是不知道要從何談起？」

敵意

有些學生對於輔導歷程存著懷疑的態度，還有些學生可能對輔導者的幫助懷有敵意，特別是當他們接受輔導是出於被迫、無可選擇、或是被貼上「壞學生」、「笨學生」的標籤。老師應該對學生釐清輔導的目的與方式，因為學生的自願參與是諮商發生效果的基礎。

過於順從

有些學生可能覺得對大人就是要彬彬有禮才能受到喜愛；他們以為如果不表現順從的樣子，就會遭受責罵或否定。這類型的學生也不太容易表達真正的感覺。

否認需要幫助

　　有些學生可能不願承認自己的症狀，特別是當他們很善於利用這些症狀來面對問題時。舉例來說，暴飲暴食或許是學生處理問題的方式，但是她可能尚未準備好或不願意承認自己有這個潛在的問題。

過度多話

　　有些學生會不停地說話，以掩飾自己的焦慮。學生無法表達真正的感覺，所以才喋喋不休地掩飾自己的不安。老師應該保持冷靜，不要加入學生閒聊的話題，而是指出學生對於接受協助的不安，慢慢地把學生拉回輔導的軌道上，進而針對重要問題進行討論。

開玩笑

　　玩笑話的背後可能潛藏著學生的焦慮以及不知

道如何告訴老師自己的私事，所以用開玩笑作爲逃避痛苦問題的工具。

學生的表達

　　將學生的表達方式加以概化，很容易導致誤導，但是有些特定的表達方式的確具備某些特點。在此我想談談那些看起來心不甘情不願、憤怒、行爲特別突出或似乎比較脆弱的學生，事實上，這些學生更需要老師有技巧地予以輔導。

不情願的學生

　　任何諮商活動中，受輔者的自願參與都是基本的要素。學生可能因爲各種不同的原因，才心不甘情不願地接受輔導。舉例來說，這些學生可能：

- 不清楚面談的目的
- 不了解面談可能產生的結果（例如父母會不會知道這件事）

- 因為過去不好的經驗而不相信輔導者
- 認為接受協助是弱者或失敗的表現
- 不了解「諮商」的歷程
- 想要檢測輔導者的承諾和支持度
- 不認為有反省自我行為或改變現況的必要
- 覺得自己是受到逼迫或施壓才接受協助
- 不喜歡輔導者

其他諸如性別、偏見、種族、宗教、社會階級或文化規範等變項，往往也會造成這個問題，例如有些黑人學生並不相信白人教師會了解她的問題。以下有一些原則，可以幫助老師更有效地面對不情願接受協助的學生：

- 探討面談的目的、保密性以及可用的時間
- 指出學生不情願接受協助的事實，並且幫助她面對這個問題。（例如，「和我見面的感覺可能有些複雜？」「被叫來和我見面，你是不是有些生氣？」）
- 建立接納、溫馨而同感的氛圍；亦即，創造一個令人安心的環境，讓學生可以自在地表

達自己的困境或負面的感覺
- 說明輔導的歷程以及教師在這當中的角色
- 讓學生有表達感受、探討真正原因的空間
- 避免正面衝突或詮釋學生的話
- 針對學生表達的感受作出回應
- 讓學生知道面談的目的在於聆聽與提供協助，而非批評或懲處，並且由學生決定要不要繼續談下去
- 如果學生拒絕接受協助，可以向學生建議去找校內外其他可能對她有幫助的人

憤怒的學生

憤怒與攻擊性的本質，一直具有高度的爭議性，特別是有關於這些行為究竟是與生俱來，或係個體對挫折與恐懼的反應。許多時候，在憤怒底層所潛藏的，可能是悲傷、無助與空虛。憤怒是一種很自然的情緒，問題在於人們如何表達它。有些人把憤怒對外轉化成對他人進行言語或身體上的攻擊，有些則是加以內化，結果就導致憂鬱、自我傷

害、飲食失調、毒品濫用或酗酒等問題。一個成熟的人應該能夠以語言來表達憤怒，而非將具有破壞性的情緒付諸行動。

　　有些人會以憤怒來回應自己受到的傷害或不公平的對待。這種憤怒是防禦性的，為的是讓自己不再受到更深的傷害。對於憤怒的學生，比較好的方式是幫助她辨識自己的感受、接受這些感受、探討原因、了解原因、並且找出適當的行動方式。有時候，這些方法在事過境遷以後會比較容易運用，原因很簡單，因為藉著回顧來分析過去的某個事件、思索是否有另一種行動方式，可以讓學生在下一次面臨即將爆發的憤怒情緒時，可以有不同的應對策略。以適當的方式宣洩情緒是很有用的做法。舉例而言，桑妮亞對於某堂課覺得很生氣，與其爆發自己的不滿，不如暫時離開教室休息一下，或許能夠促進學習效果。她應該表達自己的感受，但是應該要用適當的方式來處理自己的憤怒與挫折感。同樣地，如果塔拉的姊姊受到他人的欺侮，塔拉一定會覺得生氣，但是如果她轉而攻擊欺負姊姊的人，這種行徑也無法令人接受。

　　有些學生在成長的歷程中，認為自己不應該有

某些情緒，而且對於自己有這種情緒覺得很可恥，例如憤怒、嫉妒或猜忌。老師應該讓學生知道，這些情緒都是正常的，情緒的本身並沒有對或錯，重要的是如何表達這些情緒。

發洩行為（Acing out）

發洩行為指的是人們在諮商療程之外，以危險的行為呈現自己的想法和感受，而非透過語言來表達。在學校，發洩行為可以用來指學生以某些行為間接地傳達自己的憂慮。舉例來說，學生可能沉溺於毒品或不正常的性關係，也可能有偷竊或自我傷害的行為。不管這一類的行為是否難以理解或忍受，它們也是一種表達方式；由於學生不是用口頭的語言說出自己的煩惱，而是以「付諸行動」的方式表達，因而比較容易受到曲解。產生發洩行為的學生很可能需要協助，但是由於他們並不以語言為表達工具，往往使輔導者更難著手提供協助。面對這一類學生，輔導者應幫助他們在語言表達上的能力，甚至需要借專業機構之力來提供協助。

脆弱的學生

當然，最容易受到傷害的學生並不一定會明顯地表現出自己的脆弱。但是，有些學生可能比其他學生來得容易受到傷害：

- 最近曾經遭逢喪親之痛或友人逝世
- 童年時失去父親、母親或兄弟姊妹
- 有精神或生理疾病的家族病史
- 曾經經歷家庭暴力
- 生長於一個顯赫、成功的家庭，承擔高度的期許與壓力
- 屬於種族、宗教、有殘疾、性別或性傾向的弱勢族群
- 退縮而孤立
- 有怪異的行為或想法

老師必須對潛在的問題保持警覺；有時候潛在的問題可能比外顯的問題更具毀滅性。

面對自殺的徵兆、危機或揭露

自殺的威脅

　　青少年特別容易產生憂鬱感或情緒波動，自殺的念頭是很平常的，但是這對於父母、教師或同儕卻造成極大的困擾。青春期是人生的一個轉型期，往往會有發展上的危機。只要學生表達出自殺的念頭或徵兆，絕對不可輕忽。不管是根據推論而得知學生有輕生的想法，或是學生直接說自己想自殺，這個問題都一定要攤開來談。很重要的是，教師應該建議學生去看全科醫師（GP）。為了老師和學生，這是少數幾個應該提出忠告、而且無須堅守保密原則的情況之一。萬一學生拒絕見醫師，老師必須告訴學生她將會主動與醫師聯繫。如果老師有必要聯絡醫生，一定要讓學生知道自己打算這麼做，而非事後才讓學生發現老師這麼做。如果老師沒有先行通知學生，學生可能會視此為背叛行為。或許學生不想和醫生談，但是至少她能夠了解到老師對

此事的關心與重視。

　　當這個問題已經浮上檯面，要注意學生是否有任何準備實行的行動。如果學生有獨自遠行的打算、或是有寫信給親友、購買儲存藥劑的行為，這個問題的嚴重性與急迫性就更高了，必須以冷靜而立即的行動加以處理。多數提到想自殺的學生可能都沒有實質的準備行動，但是卻不能因此低估其危險性。有時候學生並不會掩飾自己是因為遭遇嚴重的問題而想要自殺，這些問題可能包括失戀、考試失敗或毒品與酒精濫用等。一旦真的發生自殺的悲劇，親人、朋友或老師必然會有深刻的悲傷、罪惡感，甚至憤怒，這些都是正常而需要表達的情緒，而且可能有必要接受正式的諮商輔導。

危機

　　危機是一種充滿壓力的經驗，通常它是突然而無預警，而且需要當事人投注精神與注意力。危機可能是因為失去某些人事物而造成（例如父母親的死亡或分居），也可能是面臨變遷時期（如轉學或搬家）或突然發生的意外（如車禍或住院）所引

致。此時學生可能覺得家庭或朋友的支持已經不足以支持她抵擋危機。雖然是非常棘手的情況，但是，保持冷靜仍然是最重要的面對方式；冷靜，是爲了讓自己包容學生的感受。老師可能會發現學生需要的是更多的支持，因此，千萬不要把自己的情緒加諸於學生。處理這種狀況時有幾個原則，以下便逐一分述：

- 保持冷靜與鎮定。學生的情緒或許具有非常強烈的感染性，老師更應該控制好自己的焦慮情緒。
- 當學生希望透過情緒分享讓自己冷靜下來時，如果老師能夠做出共鳴的回應，學生將可以感受到自己是被了解的。
- 讓學生說話，不要打斷她，尤其不要告訴學生自己的感受。
- 先處理立即性的問題，而不是尋找其背後的原因。真實原因的探索可以等到度過危機以後再討論。
- 確定學生有充分的資源可以使用。
- 評估此一危機的危險性，必要的時候應進行

額外的資源調度，例如學校護士、學校諮詢
人員或社工人員等。

· 幫助學生決定自己應該怎麼做，並且釐清各
項行動的輕重緩急。

· 運用老師自己的支援系統。

老師不應該企圖以一些陳腔濫調讓學生高興起
來或是乾脆替學生解決問題。冷靜，是處理危機的
核心要素，除了可以提供當事人一個抒發情緒的管
道，也可以面對最急迫切的問題。舉例來說，如果
海麗說她前一個晚上在沒有任何保護措施的情況下
進行性行為，此時，最重要的並不是探討避孕問
題，而是了解是不是需要讓海麗服事後避孕藥。

揭露

有時候孩子會提出控訴，指稱自己受到虐待。
在這種情況下，老師要特別小心謹慎地處理，因為
老師對孩子說話的方式，可能對後續的偵查程序證
詞造成影響。老師不應該問學生誘導性的問題，因
為這種問題很容易被解釋成老師有意影響孩子的想

法。例如，比較好的方式是對孩子說：「告訴我發生什麼事」，而非「他們是不是這樣對你？」

　　面對企圖揭發事實的孩子，當他們正試著回想一些重要的事情時，老師的任務是聆聽、並且避免打斷孩子的話。每當對話結束，應該立即整理筆記，並且盡快交給指定的教師。筆記內容包括日期、時間、地點、出席者以及談話內容。在後續的法庭審訊中可能有需要用到老師的筆記。如果老師或其他教職員被指控實施虐待情事，應該依循區域兒童保護委員會（Area Child Protection Committee）所規定的程序進行處理。提出指控的孩子必須有說明的機會並接受訊問，不要對孩子提出建議或做出解釋。對於孩子的指控最好能夠在廿四小時內盡快做成一份載明日期的書面紀錄。

　　教師不能夠對提出指控的學生承諾自己一定會保守秘密，她必須聆聽孩子的陳述，並且設法讓孩子決定參與進一步的行動。當孩子說自己不想追究的時候，老師應該要仔細考慮孩子的年齡與理解能力，以及孩子或其他人會不會受到嚴重的傷害。老師要讓學生瞭解，在某些情況下，老師確實有責任要傳遞這類訊息給相關人士或單位。

　　根據 DfEE 的通告 10/95（1995b），有特殊教育需要的學生特別容易成爲受虐者（第 36 段），該通告並建議：「一旦有可疑的虐待情事，有溝通障礙的學生必須透過具有適當溝通技巧的教師，獲得自我表達的機會。被指定的教師應該和特殊教育相關負責人聯繫，了解特教學生在溝通上的需要。」（第 37 段）（見第六章）

轉介

　　提到轉介，老師應該對全國健康服務（National Health Services）及相關志工組織在社區所提供的服務有充分的認識。學校裡應該有全國性的名錄以及當地的資源細節。校長手中通常會有大量資料，但是老師最好能夠有取得實際資源明細的管道。

　　關於誰應該寫轉介信或誰應該聯繫校外機構等事項，學校都會訂定政策。很重要的是，學校應該要建立體系或過濾制度，如此一來，當老師爲某個學生感到憂心時，校長方得以同時獲知相關訊息

（在學生的同意之下），並且採取必要的行動。如果
問題很嚴重，很可能需要資深教師的介入。在這種
情況下，各方之間的聯繫合作是非常重要的，唯此
才能使學生和老師一同參與這個歷程。

　　基於幾個理由，學校有必要將學生案例轉介至
校外機構，最常見的是關於老師的能力與責任範
圍，有時個人因素也是原因之一，例如學生的問題
可能與老師的價值觀形成強烈的衝突，或是對於問
題有過度的情緒投入。老師應該知道何時需要向專
業人士請求協助，例如憂鬱症、自我傷害、飲食失
調、恐慌症（panic attack）、恐懼症（phobias）、酒
精或藥物濫用等問題。這和老師個人的能力沒有關
係，而是專業判斷的問題。一旦老師認為有必要尋
求專業協助，應該鼓勵學生接受專業輔導，除了著
手進行轉介以外，老師要持續地支援學生，直到新
的輔導關係已經建立為止。

　　老師應該要有技巧地建議學生尋求專業協助，
以免讓學生覺得自己受到老師的拒絕。老師可以誠
懇地讓學生知道這個問題已經超出自己的能力範
圍，她不妨對學生說明：「對於這個問題，我了解
得不夠多，可能沒有辦法幫你，但是我知道誰可以

幫得上忙。」或「我很想要幫你，但是對這個問題我知道得不夠多。或許，我們可以商量一下，看看誰可以幫你，這樣是不是比較好？」老師可以向學生保證，即使沒有辦法提供直接的協助，但是仍然會繼續給予支持，也希望知道接下來的發展。

如果有必要把學生的案例轉到另外一個機構，學生是否合作是很重要的。有時這是時機的問題，如果學生缺乏轉介的意願，可能會浪費很多時間。學生對於轉介一事的感覺可能很複雜，但無論如何，最好都能夠獲得學生的同意。有時候如果多給學生幾天的時間考慮轉介的提議，結果可能會很不一樣，因為這讓學生覺得自己掌握了選擇權利，而不是只能照著別人安排的軌道前進。溫柔的鼓勵可能比強硬的堅持來得有效。讓學生承認問題的存在，可能就算得上是向前邁進一大步了，但是接下來可能要花更多的時間讓學生明白專業協助的必要性。這種現象在有飲食失調問題的學生身上可能更加明顯，因為他們通常會否認自己有這方面的問題。老師可以對學生說：「安瑪莉，從妳告訴我的話中，我在想或許你應該試著和醫生談談？」安瑪莉可能會回答：「不用了，沒有這個必要，我很

好。」對此，老師可以對她說：「嗯，我看得出來妳並不想這樣做。那麼，下星期我們再見面的時候，或許我們再談談這件事，妳覺得怎麼樣？」

有時候學生對於精神醫學會懷有莫名的恐懼與想像。他們害怕自己被貼上「瘋子」或「神經病」的標籤，並且擔心家人或朋友的看法，此外，他們也可能擔憂這些細節會被列入 UCAS（英國大學院校入學委員會）或求職表格裡面。教師應該關心、聆聽學生對轉介的恐懼感，而不是認為學生很傻或不夠理智。老師可以對學生說明：「我看得出來妳對於去看精神科醫師這件事顯得很焦慮。妳覺得他們都在做些什麼？」學生可能回答：「去看精神科的人都是精神有毛病的人，醫生會給他們開藥，病人吃了以後就不知道自己在做什麼了。」此時，老師可以提供一些資訊，減輕學生的焦慮：「這些兒童或青少年精神科醫師主要是幫助一些年輕孩子處理情緒問題。通常他們會和孩子的家人聊聊這些問題。必要的時候，他們的確會開處方箋，但是他們一定會尊重父母和當事人對於藥物治療的意見。」或許接著學生會說：「但是他們不是都會要妳躺在沙發上，把想到的事情都說出來嗎？」老師可加以

釐清：「妳說的比較像是精神分析師的做法，和精神科醫師是不一樣的。兒童精神科醫師面對的是年輕的孩子，和精神科醫師見面，就像我們兩個現在坐下來聊天一樣。」精確的訊息是很重要的。

　　給予保證並沒有太大作用（例如：「不會有問題的！」或「沒什麼好擔心的。」）重要的是探討恐懼本身，並藉此消除學生的疑慮。我不建議老師提到自己過去與精神科醫師接觸或曾經服用抗憂鬱藥物的經驗。學生的經驗可能非常不同，不適當的訊息只會加重他們的負擔（見第四章之自我揭露）。

　　有時老師有必要和學生的父母見面，商談轉介的事宜。同樣地，這也是一個高度敏感的動作。父母通常需要時間去了解自己的孩子的確需要協助；他們很容易因此覺得自己受到批評或責難。提早讓父母探索自己的憂慮，可以為未來省下不少時間。此外，老師每一次和學生家長碰面，都應該要讓學生了解見面的目的是什麼；學生需要知道父母與教師之間會談些什麼、老師對父母說了些什麼；她也要知道什麼事情是可以保密、而什麼事情必須讓父母知道。如果學生並未參與家長與老師的面談，事

後也應該被告知面談內容。如果想讓輔導有益於學生，必須要她有參與感，而非讓她只是被動地等待援助。如果學生並不配合，那麼她很可能不斷地失約。一般來說，家長也必須參與這些歷程，雖然有時候學生可能並不歡迎父母加入。學生或許希望能夠由她自己搜尋避孕情報與輔導資訊，或是自行聯繫相關的公立機構（如飲食失調協會或自助團體）。這是學生的決定，但是這可能讓老師陷入道德上的兩難處境，因為這是一個如何兼顧專業判斷與保密原則的難題（見第六章保密原則）。

如果要將學生案例轉介至校外機構，應該儘可能地減少知悉此事的人數。年級導師或許有必要知會科任老師，但是要盡量避免提及細節；教師最好先問過學生是否同意讓其他老師知道她的事情，如果做不到這一點，最起碼也要讓學生知道老師傳達了哪些訊息給哪些人。有關轉介信函的內容，最好也先和學生進行討論，因為這會讓學生產生參與感，並且維持對老師的信任。以下是轉介時的一些原則，具有相當的參考價值：

・了解學校的轉介政策：是否需要轉介的判斷

標準為何？誰來進行？轉介至何處？後續的
責任歸屬為何？哪些資料應該保留紀錄？紀
錄在哪裡？父母的權利為何？
· 獲取社區資源的相關訊息以及協助內容
· 了解學生是否做好轉介的準備
· 誠實地說明額外協助的必要。要小心地解
釋，以免學生覺得自己被老師拒於門外。
· 確認轉介機構的候補名單
· 隨時與家長保持聯繫
· 說明轉介機構的服務，讓學生可以實際地加
以預期
· 讓學生有時間思考轉介的建議，並使其參與
整個歷程
· 未經學生同意，不要傳遞與其有關之訊息
· 持續地給予支持

結論

在職業上需要和年輕孩子相處的人，常常會遭

遇很多問題，教師也不例外。其中有關於保密原則、兒童保護、性教育、毒品濫用的問題，是教師角色的合法地位中很重要的一環，這些議題亦是下一個章節所要探討的主題。

第六章

教師的合法性義務與責任

　　很多老師對於自己在法律上的責任與義務都感到困惑，特別是涉及輔導工作及保密原則議題的時候，產生這些困惑並不令人意外。關於教育的法規出現在各種不同的議會法令裡，並且充斥在各種法律文件、傳單或行政規章中。舉例來說，1993年的教育法案要求某些學校提供學生性教育（第241節（2））。但是除了教育法案以外，還有DfEE（教育暨就業部，Department of Education and Employment）發函到學校的通告，雖然這些傳單並不具法律效力，也不能作為官方的聲明，因為只有法院可以這麼做。例如在DfEE的1994年發行的一份通告中（DfEE 1994a），說明了1993年教育法案對於英格蘭與威爾斯地區的公立學校性教育之法規

所做的修正，並且提供當地教育單位與學校執行時
的指導方針。在此所指的法律係針對英格蘭與蘇格
蘭地區的公立學校、私立學校、公立特殊學校及政
府直接補助之學校單位。要注意的是，1993年的
教育法案已經撤銷，取而代之的是1996年的教育
法案，但是新的法令仍然要求公立的中等學校必須
提供性教育。

　　表6.1是DfEE在1998年所發行的通告，其中
明列教師法定的義務與責任。

表6.1：教師的法定義務與責任

DfEE 4/98表示：在評估是否頒予合格教師身
分時，必須證明其對下列事項具備知識與理
解：

・1976年種族關係法案（the Race Relations
　Act 1976）

・1975年性別歧視法案（the Sex Discrimin-
　ation Act 1975）

・1974工作健康與安全法案（the Health and

Safety at Work etc Act 1974）第七節、第八節

- 一般法律責任──確保學生在校內或參加學校舉辦的各項校外活動時（如教育參訪、出遊、田野調查等）之健康與安全

- 基於保護或促進兒童福利之目的所進行之合理行為（1993年兒童法案第三節第五款）

- 保護兒童免於受虐之教育服務角色（目前以DfEE通告10/95之說明為主，DfEE：1995b）及內政部、健康局、DfEE與威爾斯政府合作之《指導文件協力推動1989年兒童法案：機構互助協力保護兒童免於受虐之計畫指南》（Working Together Under the Children Act 1989： A Guide to Arrangements for Inter-agency Co-operation for the Protection of Children from abuse，內政部1991）

- 與學生適當的身體接觸（目前以DfEE通告10/95之說明為主，DfEE：1995b）

- 適當限制學生的身體自由（1997年教育法案第四節、DfEE 9/94；DfEE 1994b）

- 基於懲戒所為之留校察看（1997年教育法案

第五節）

每一個老師必須對上述事項之相關法律規定有所了解，而涉及輔導工作的教師除了要注意以上事項，還必須特別留心有關保護兒童免於受虐的法規與指導文件，重要項目如下：

· 1989 年兒童法案
· 協力推動 1989 年兒童法案（內政部，1991）
· DfEE 通告 10/95（DfEE 1995b）

1989 年兒童法案

1989 年兒童法案的目的是為了簡化兒童福利政策，以單一法律架構取代龐雜的立法體系，建立一套緊密協調的法律概念與原則。其立法原則包括要求父母應該持續地分擔兒童教育之責任，並且在發生問題時尋求協助。任何提供給兒童的協助都應該

以兒童的最大利益為基本考量。

　　公立機構的角色往往被認為應該幫助父母，而非加以阻撓。然而，當小孩可能因此受到傷害時，公立機構則有必要予以接管。該法指出有關當局應該與家庭合作，並且明示兒童有權表達對於自我生活的決定。

　　第三節第五條則指出，不管在任何情況下，若教師係基於保護或促進兒童福利的目的，可以從事合理之行動；亦即相當於任何具有理性的父母會從事之行為。

　　第四十七節則是保護兒童的有關規定，該節指出警方與社會服務部門如果有合理的原因，懷疑其轄區內之某兒童可能或即將遭到重大傷害，則有進行調查之義務。從法條用語中得知，對於兒童保護並不限於已經發生之傷害，而是清楚地將可能發生侵害的情況亦納入規定中。

保護兒童免於虐待

　　社會服務部門有進行調查的責任，而老師則須

根據當局之規定與社會服務部門合作。 1989 年兒
童法案明確地要求所有與當事兒童相關之人士，均
須在調查庭中提供有關之訊息。機構之間的合作也
是必要的，《協力推動 1989 年兒童法案》（內政部
1991 ： 27）的文件中也明確地指出這一點：「任
何知悉、懷疑有兒童疑似遭受嚴重傷害者，均應聯
繫有法定權利調查或介入之機構，包括社會服務部
門、警方或國家兒童虐待防治協會（NSPCC）」。只
要發現有兒童可能遭受生命或重大傷害之威脅，都
必須把保障兒童立即性之安全視爲首要任務。兒童
有受保護的權利；因此，任何有關不當對待兒童的
指控或懷疑都應該予以重視，並且根據當地地區兒
童保護委員會（ACPC）之政策採取適當之行動。
1989 年兒童法案聲明，受雇於當地官方機構之工作
者—包括教育與健康服務單位之人員，皆有責任協
助配合社會服務部門對於兒童受虐案件之調查。不
過，有些地區的兒童保護訴訟程序並不使用「不當
情況」的條款，而是堅持所有有關虐待之指控都應
該立即回報給指定的老師。

　　所有教師必須對虐待情事之各種徵兆保持警
覺、對 ACPC 之程序有所了解、並且通知相關教

師。協力推動1989年兒童法案（內政部1991：21）
聲明：「教師及學校工作人員應特別注意學生是否
有受虐之徵兆、外在之行為改變或發展不良之狀
況。」針對這一點，DfEE 10/95通告文件（DfEE
1995b）中進一步說明，任何有關貶抑身體、情緒
或性氾濫等問題的徵兆或許都值得注意，不過這些
徵兆應該只用來升高對於問題的關切與懷疑；而所
有的關切都應該與特別負有兒童保護責任之教師討
論。至於對於可疑虐待情事的調查，並不是教師的
責任。當地ACPC皆清楚地規定疑似虐待事件之處
理程序。此外，特殊教育學生可能更容易成為虐待
事件的受害者，對此，該文件亦有清楚的立場—第
三十六節明示：「對於有明顯之不當對待或疏失之
徵兆，應該特別小心地予以正確詮釋。若發現特殊
教育學生似遭虐待，應該根據當地機構之程序加以
通報。」（DfEE 1995b）

　　在Butler-Sloss報告中（DHSS 1988），提供了
有關疑似性侵害案件的面談指導。該報告清楚地指
出，面談工作是一個需要高度技巧的困難工作，面
談者應該有這方面的相關訓練、經驗或適任能力。
不恰當或缺乏技巧的面談，可能對年輕的孩子造成

很大的傷害。

　　1989年兒童法案並未釐清有關保密原則和諮商工作之間的關係。一方面，法律會要求諮商者提供學生對於案情的說詞，另一方面，學生可能會希望諮商者為她保密，面對這種情況，諮商者常常陷入道德的兩難。Butler-Sloss 報告（DHSS 1988）建議：「專業者不應該對兒童承諾做不到的事情；基於可能進行的法律程序，專業著也不應該承諾必然可以保密私下的談話內容。」

　　保護兒童的工作引發了保密原則的問題，這是所有老師都必須了解的議題。在 DfEE 10/95 通告中的第廿七段聲明：

　　　教師負有與其他專業人士──特別是負責調查之機構，分享有關兒童保護資訊之責任。如果學生向某位教師透露秘密，並且要求教師保守秘密，該教師必須小心地讓學生了解，為了幫助他們，老師有責任向權責機構通報虐待事件之案情。不過，老師也應該讓學生知道，這些相關內容只會透露給有必要了解的人。

　　　　　　　　　　　　　　（DfEE 1995b）

　　協力推動 1989 年兒童法案（內政部 1991 ： 13）
強調保密原則的限制：「在兒童保護工作中，保密
性的程度應該視保護兒童之需要而決定……如果隱
瞞相關訊息可能損及兒童之福利，則可能無法堅持
保密原則。」

保密原則

　　在諮商中，個體通常會揭露自己的生活，這當
中自然會涉及較親密的關係，因此，保密原則可說
是諮商的基本要素。唯有在信賴與保密的基礎上，
才能建立諮商中的親密關係。法律尊重諮商工作者
對於保密原則的高度堅持，但是卻不意味著允許諮
商工作者有一律拒絕提供訊息的特權。只有律師才
能擁有這種特權。實務上來說，只有在某些狀況
下，諮商工作者才有違反保密原則的義務，主要的
排除條款適用恐怖手段防治法案（the Prevention of
Terrorism，臨時條款）第四章之規定。
　　老師和諮商工作的立場很不一樣，不能輕易承
諾保密。以 BAC 的《運用諮商技巧之工作者的道

德與實務指導規範》而言，雖然對於諮商時的保密
性標準有高度期望，但是在學校，她的主要角色仍
是教師，仍須遵守地方教育當局的規定，並配合學
校的政策。她可以聆聽學生說話，根據其專業判斷
決定是否分享相關訊息，但是卻不應該承諾一定會
保守秘密。目前並沒有任何針對學校內保密原則而
制定之法規，老師不能做出百分之百的保密承諾，
而是應該參照學校對於性教育或毒品問題方面的保
密政策。

學校政策

　　由 DfEE 發行的《學校主管之相關法律指南》
（School Governors： A Guide to the Law， 1997：
133）中聲明，學校管理單位必須依法提供政策之
聲明並公佈之。見表6.2。
　　學校可能對於校園暴力、毒品濫用、服裝規定
或保密性等問題之處理皆有其政策。有關保密性之
政策可以說明老師在哪些情況下應該透露學生的私
人訊息。教師、學生和父母都應該了解學校的政策

以及保密原則之適用限制。就個案來說，教師應該
在學校同意的政策範圍之內行事。如果老師認為學
生即將告訴她的話，可能有對他人透露的必要，老
師應該事先告知學生。若基於學生的利益，教師須
要透露與學生相關之資料，傳遞之範圍亦應僅限於
有必要知悉此事之專業人士，這是對學生最起碼的
保證。

表6.2 依法之政策與公佈

- 執行校園督察之行動方案（Action Plan）
- 入學許可政策（Admissions Policy）（如果地
  方教育當局將此責任移轉給學校）
- 致家長之年度報告（Annual Governor's
  Report to Parents）
- 收費政策（Charging Policy）
- 課程目標（Curriculum Aims）
- 課程申訴程序（Curriculum Complaints
  Procedure）（僅限於GM）
- 健康與安全政策（Health and Safety Policy）
  （僅限於GM）

- 學校簡介（Prospectus）
- 學生紀律（Pupil Discipline）
- 教師紀律（Staff Discipline）
- 議事規則（Standing Orders）（僅限於GM）
- 特殊教育需求政策（Special Educational Needs Policy）
- 性教育（Sex Education）（所有中等學校）

資料之傳遞

　　很多專業人士會將資料傳遞之道德義務縮小解釋。多數的專業人士認為，在兩種情況下可以違反保密原則—有關保護兒童與青少年或第三者之生命安全。如果是為了保護兒童最大之利益而不得不將訊息傳遞給其他機構，教師應事先尋求兒童的同意，同時也讓他們知道訊息一經傳遞後可能產生之結果。

　　學生若告訴教師某些事情，教師並沒有通知家

長的法定責任。是否需要保密涉及專業判斷的問題。或許與家長針對學生的需要進行溝通並非壞事，但是這麼做之前應該要經過學生的同意，而且無論如何都要以學生的最大利益與福祉為首要考量。或許老師也可以鼓勵、支持學生和父母或監護人談一談。

　　老師未必一定要向校長報告學生所揭露的內容，而是經過審慎斟酌之後再決定是否告知校長。然而，當校長基於老師的專業義務要求其據實以告的時候，倘若老師拒絕，則可能會受到紀律處分。當老師之決定涉及虐待兒童的問題，皆應該依據兒童保護程序通報特定的人員。如前述所強調，學生必須知道自己所要求的保密性是否受到尊重。理想上，在做任何揭露之前都應該先對學生有所解釋，讓學生知道教師與學校都很願意尊重他們的隱私權，但有時候基於保護學生安全的考量，使老師不得不這麼做。老師應該讓學生知道：

・保密原則的限制
・學校內部的支援系統
・關於轉介至校外機構之制度

・其他可以提供支援的機構
・學校保留學生哪些紀錄；學生是否可以取得
這些資料

其他重要資訊

　　教師除了必須對兒童保護程序有所了解，還應
該知道下列事項之相關法律或指導原則：

・性教育
・藥物治療
・毒品
・犯罪活動
・取得紀錄之管道
・身體的接觸

性教育

　　從 1994 年起，在英格蘭與威爾斯之所有公立、郡立、私立或特殊中等學校，都必須依法對所有註冊學生提供性教育，內容應包括與 HIV、愛滋病及其他經由性交而傳染之疾病（1996 年教育法案，第五十六章）。而蘇格蘭地區政府並未強制所有中等學校提供性教育，因此在蘇格蘭任教之教師應該詢問地方當局對於中學生性教育所採取之方針。

　　英格蘭與威爾斯的學生有權利接受國立課程（National Curriculum）中的性教育，然而，家長亦有絕對的權利不讓孩子參加國立課程以外的性教育課程，唯一的例外是，當學生想要參加該課程，並且由學生本身（或代表人）依據兒童教育法案第八節向法院提出「特別要求事項」之申請，然而，這種情況極少發生。

　　某些獨立學校並未涵蓋在國立課程、性教育相關法律或 DfEE 通告 5/94（DfEE 1994a）的適用範圍內，這些學校的教師最好能徵詢學校對於提供學

生避孕訊息及此類訊息之保密性有何政策。

　　政府要求地方教育當局、管理機關及校長設法在性教育中鼓勵學生「重視道德層面與家庭生活之價值」。（教育法案(No.2) 1986：第四段）。關於性教育的內容可以參考 DfEE 通告所提出的原則（DfEE 1994a）。如 Beloff 和 Mountfield（1994）所說：「此僅作為建議，且並無特別之法律地位，教師並沒有遵循此等建議之義務；然而，如果校長要求教師遵守此等建議，則老師就應該這麼做。」

　　有關教師對個別學生的建議，在 DfEE 通告中提出了以下的指導原則：「在某些情況下，老師必須運用他們審慎的思考力與判斷力處理個別學生的特殊問題。教師不可能對整個班級的學生妥善地處理這些個人性的問題。教師應當經常和家長討論這些問題，徵詢他們對於處理問題的方式有何意見。教師和家長見面前，不妨先跟學生談談，以便澄清問題的根本。當老師在這些事件中可能受到傷害，最好能夠尋求其他教師之協助。」（第三十一段）

　　第三十八至四十段則有如下之說明：「學校應提供有關性方面的概括教育，與針對性的問題對個別學生進行輔導或提出建議（特別是有關學生自己

的性行為），兩者之間必須有清楚的區隔。一個好
的老師總是以學生的福祉與利益為輔導目的，但是
這種功能不應該逾越了輔導工作之權責範圍。不滿
十六歲的學生從事性交並不合法（unlawful），教師
在提出有關避孕措施的建議時，應該特別小心。原
則上，在提供個別學生這類建議時，教師必須知會
家長並獲得同意，否則恐怕有違教師的專業職責。
健康並不是教師的專業，而法院也從未肯定教師具
有提供此類建議的合法性地位。老師應該鼓勵學生
向父母或適當的健康服務專家尋求建議；當學生已
經或打算從事可能有違道德或損害健康的行為時，
教師有必要向校長報告。」（第四十段）。針對教師
提供有關避孕措施之訊息或建議給未滿十六歲的學
生，布魯克諮詢中心（Brook Advisory Centres，
1996：11）有如下之忠告：

　　教師並非健康專家，因此不應當提供個別
學生關於避孕方式之建議。教師應該鼓勵學生
尋求父母的建議，或向適當的健康專家及醫師
徵詢適合其個別狀況之建議。教師應以學生的
最大利益為行事原則，並且在教育範疇之內扮

演其角色。提供一般性的避孕資訊是學校性教育的部分內容，但是這和為個別學生的問題提供建議並不同，後者應係健康專家之責任範圍。如果老師能夠遵循學校對於性教育之政策，並依照此處所提之原則行事，則無須擔憂其提供避孕資訊的行為可能逾越法律許可之範圍。

實務上，這表示中等學校教師在各種課程中，的確可以視需要而針對避孕問題進行一般性的討論。除非學校政策明定禁止，不管學生是否未滿十六歲，老師也可以提供學生當地避孕服務之資訊。即使學生未滿十六歲，老師仍然可以告訴他們有哪些適當的健康專家或醫生可以提供協助，並且讓他們知道相關的諮詢內容都會受到保密原則的保護。即使家長不讓學生參加國立課程以外之性教育課程，老師仍然可以提供此類資訊，除非學校禁止老師這麼做。

如果未滿十六歲的學生要求老師替自己安排相關的諮商面會，老師可以先告訴他們一些可能有幫助的健康專家或醫生，但是如果要為學生親自安排

面會，應該要先確定學校是否禁止老師這麼做，或是否規定老師不得陪同未滿十六歲的學生一起參加此類面會。老師不應該建議個別學生採用哪種方式避孕，而是應當鼓勵學生請教父母，或介紹適當的健康專家與醫生。總之，老師必須運用自己的專業判斷，以學生最大的利益為行事準則。

同性戀

很多老師對於在課堂上教授同性戀議題究竟合法與否（特別是有關 1988 年地方政府法案第廿八節的規定），都覺得相當困惑。對此，DfEE 通告 5/94 的聲明如下：

> 1986 年地方政府法案第二節（即 1988 年修訂之地方政府法案第廿八節）禁止地方當局刻意鼓吹同性戀或出於此意圖之出版行為，亦不容許公立學校教育鼓勵學生接受所謂的同性戀家庭。此禁令適用於地方當局之活動，與管理單位或學校教師之個人行為無關。
>
> （DfEE 1994a）

第廿八節並不適用於學校，也不應影響課堂上性教育之教授。法律並未禁止學校或教師討論性傾向之議題。

基利克決議（The Gillick ruling）

就十六歲以下之兒童與青少年的保密權利而言，上議院的基利克決議可謂具有高度的指標性意義。青少年基於充分之思考力與智力，對於藥物治療具有合法而有效的同意權，這些青少年經常被稱為「符合基利克資格之兒童」（Gillick competent child）。至於青少年是否具有充分之思考力與智力，則必須經過評估。該評估的重要性在於決定是否需要諮詢父母的意見。針對這一點，兒童法律中心（Children's Legal Centre, 1996：3）指出：「雖然法律並未明訂幾歲以上之兒童方可被認定為具有同ΣN接受藥物治療的合法資格，但是很多十三歲以下之兒童都不被認為具有此一資格，也不被認為可以在沒有父母參與的情況下進行諮商。」

實務上來說，這意味著只要有足夠之思考力與智力，學童可以在沒有父母同意的情況下接受避孕

建議或治療活動。同樣地，具有充分思考力與智力之青少年在接受諮商之前，未必要經過父母的同意，諮商者也無須告知家長諮商活動的進行狀況。1989年兒童法案也接受「符合基克利資格之兒童」的原則，但是並未進一步釐清兒童在諮商保密的問題上具有哪些權利。

「符合基利克資格」並不意味著學童可以拒絕接受治療。法律不允許青少年拒絕接受挽救其生命之治療。一般而言，當青少年揚言自殺或擬採取類似行為時，通常都必須加以阻撓，這可能會破壞保密原則。對兒童負有義務者都應該被告知相關訊息，除非他們本身就有虐待兒童之嫌疑。

毒品

學校並未負有規劃毒品防治教育之法定責任，但是卻很可能在相關的紀律或行為規範中提及這方面的問題。DfEE通告4/95（DfEE 1995a）的《學校與毒品防治》中說明了有關毒品的法律（如表6.3）。

該通告指出持有揮發性物質（如溶劑、強力

膠、打火機燃液、噴霧劑、去漆劑、修正液或滅火液等）並不違法，然而，提供此類揮發性物質給十八歲以下之青少年，若有具體事實證明其係知悉該物質將被作為毒品使用，則提供者便觸犯法律（第六十八段）。

表6.3　毒品相關法律

根據1971年毒品濫用條例之規定，以下係違法行為：

- 違反毒品濫用條例而供應或出售管制毒品*予他人。

- 已經持有或企圖提供他人違反毒品濫用條例之規定的管制毒品；以下情況得視為防止非法持有之防禦行為：已知或懷疑他人持有之物為管制毒品，基於防止他人繼續或可能從事違法行為之目的，而加以保管者；或於保管該物後基於正當理由而予以摧毀或盡速交予合法之保管人。

- 持有者或明知前述事項仍容任吸食大麻行

為；製造、企圖製造、提供、企圖提供或要求提供任何管制毒品。

*管制毒品包括海洛因、古柯鹼、強力可卡因、迷幻藥、快樂丸、安非他命及大麻

另外，該通告亦闡明了酒精問題，規定提供酒給任何十八歲以下之青少年皆係觸法，此外，給予五歲以下之兒童致醉物亦為違法行為。DfEE 建議：

學校應該與當地警方密切合作，確保彼此對於非法毒品之問題具有一致之政策……國務大臣（the secretary of state）要求，一旦發現學生或校園內有非法毒品之活動，應通報警方。法律同意校方人員基於保護學生免於傷害或因而觸法的目的，暫時保管可能是管制毒品之物質。校方應將該物質交予警方，以便辨識該物質是否為違法之毒品，校方不應企圖自行分析或化驗該不明物質。

（DfEE 1995a：第四十九段）

第四十七段則建議：

當學生向教師坦承自己染上毒癮，老師應
該明確地向學生表示，毒品濫用係屬嚴重問
題，因此無法保證一定能夠予以保密。或許老
師可以說明有關保密原則的訊息，並且提供治
療或戒毒服務之建議，以幫助這些學生終止非
法的用毒行為。

第四十四段則提到：「在一般輔導工作的範圍
內，應當考量適當地提供諮商與支援。」該通告也
建議校方應該掌握有哪些專業機構或生命線可以提
供相關協助。

犯罪活動

除非學生的行為已經或可能觸犯了 1989 年的
恐怖活動防治條例（臨時條款），學校並沒有義務
通知警方學生有疑似犯法的行為。然而，重要的
是，學校應避免協助或鼓勵違法犯罪活動之進行。
以 1971 年的毒品濫用條例為例，上述事項不應被

用來作爲吸食大麻或鴉片以及買賣各種管制毒品等
非法行爲的藉口。如果老師發現校園內有毒品流通
之事實，但卻未採取任何行動，則其不作爲可被視
爲幫助或教唆吸毒。儘管法律並未明定校方必須將
此類訊息通報相關單位，但是基於道德考量，實務
上仍認爲學校有必要加以通報。關於通報的時點並
沒有嚴格的規定，但是政府的政策是，當校方認爲
如果再不介入或提供協助，則學生可能遭受嚴重傷
害時，即使沒有獲得學生同意或違反學生意願，校
方仍應將屬於保密範圍之內之資訊通報相關機構。

取得紀錄之管道

　　在1989年的教育規章中（DES 1989），學生家
長或十八歲以上的學生具有取得教育紀錄的權利，
同時也可以向政府單位提出請求，以獲取其他相關
的教育紀錄。在某些例外情況下，滿十六歲的學生
亦可申請取得自己的教育紀錄。
　　根據1984年資料保護法第三十五章，人們有
權獲得儲存於電腦或備份檔案中、有關於自己的各
項資料。當申請者不滿十八歲時，唯有資料持有單

位認為申請者了解自己的行為本質時，方會同意其
檢閱資料。

　　1987年個人檔案使用權法第卅七章允許個人取
得關於其自身之資料，但是未滿十八歲之申請人必
須說服持有紀錄之單位，自己對於此申請行為有充
分之瞭解。若持有單位認為提供資料可能對青少年
造成生理、心理或情緒狀態的嚴重傷害，或是相關
之第三者不同意，則該單位可以駁回其申請。

　　根據1984年的資料保護法，有關保護兒童之
紀錄可以儲存於電腦中，而且得以不對外開放。至
於手寫紀錄，1989年教育規章則規定，任何關於
受虐兒童之紀錄，無論是實際發生、遭到指控或僅
係疑似有受虐情事，相關紀錄一律不對外開放。一
旦虐待兒童之案件進入司法程序，法院可以要求學
校製作兒童保護紀錄。所有的兒童保護紀錄都必須
受到嚴密而安全的保存（DfEE 1995：第廿七段）。

　　一份完整的兒童保護紀錄，應該包括日期、事
件及對疑似受虐兒童所採取之行動。該通告第廿八
段亦建議，相關的兒童保護會談應該一併納入後續
紀錄的內容中。

身體接觸

DfEE 10/95 通告（DfEE 1995b）建議教師「敏銳地注意兒童對於身體接觸的反應，並且適當地調整自己的行為」，並且「不要以不當之方式碰觸學生或觸碰不當之身體部位。」

總結

老師應該了解：

· 相關法律
· 相關 DfEE 通告
· 各學校之政策

老師亦應該對下列事項掌握清楚的訊息：

· 學校內部的可用資源
· 國家與地方之資源

- 轉介制度
- 紀錄保留
- 兒童保護程序
- 家長之權利
- 諮商之管道

結論

　　老師應該熟悉相關的重要法規與學校政策，但是對於法律與政策的認識，與對學生所做出的敏銳反應之間，應該要取得平衡。當學生揭露了受虐事實、暗示自己即將揭發受虐細節或是提出絕對保密的請求，教師們都應該特別小心地處理。大部分的時候，學生提出的問題都不至於涉及法律或道德問題，但是老師仍要將這種可能性謹記在心中。

　　對老師來說，要成為一名有效的輔導者，必須先創造一個安全、值得信賴的環境，學生才能安心地探討自己的問題。保密原則並非絕對不可侵犯，但是無論如何，教師都應該在限度內從事輔導工

作。必要的時候，老師必須先向個別學生解釋這一點，而大體上來說，一個好的教師應該可以運用自己的專業判斷和常識做出正確的決定。

*   *   *

不管過去或現在，教師在青少年的生活中，都扮演著重要無比的角色。因此，他們有機會為這些年輕的生命提供正面的影響。這也是為什麼教導學生會是一件極具價值的工作，適時的協助並不只解決立即性的問題，而且也能夠避免問題在未來變得更嚴重。教育並不只是傳遞知識或提供良好的學習環境，而是關注個體整個的需求。教師若能注意本書所討論的各項原則以及相關議題，並且運用諮商輔導之技巧，將有助於完整的教育目標之達成。

建議進一步讀物

For helplines and classified index of specialist groups see the *Voluntary Agencies Directory*, London: NCVO Publications.

Bond, T. (1993) *Standards and Ethics for Counselling in Action*. London: Sage.
British Association for Counselling (1999) *Code of Ethics and Practice Guidelines for Those Using Counselling Skills in their Work*. Rugby: BAC.
Carkhuff, R.R. (1984) *Helping and Human Relations*. Amherst, MA: Human Resource Development Press.
Carkhuff, R.R. (1993) *The Art of Helping*. Amherst, MA: Human Resource Development Press.
Children's Legal Centre (1996) *Offering Children Confidentiality: Law and Guidance*. Colchester: the Children's Legal Centre, University of Essex.
D'Ardenne, P. and Mahtani, A. (1989) *Transcultural Counselling in Action*. London: Sage.
Egan, G. (1975) *The Skilled Helper*. Monterey, CA: Brooks-Cole.
Eleftheriadou, Z. (1994) *Transcultural Counselling*. London: Central Book Publishing.
Hamblin, D. (1984) *Pastoral Care: A Training Manual*. Oxford: Blackwell.
Hamblin, D. (1993) *The Teacher and Counselling*. Hemel Hempstead: Simon & Schuster.
Ivey, A. and Authier, J. (1978) *Microcounseling*. Springfield, IL: Charles C. Thomas.
Jacobs, M. (1982) *Still Small Voice*. London: SPCK.
Jacobs, M. (1999) *Swift to Hear*. London: SPCK.

Kennedy, E. and Charles, S. (1990) *On Becoming a Counsellor*. Dublin: Gill and Macmillan.

Lago, C. and Thompson, J. (1989) *Race, Culture and Counselling*. Buckingham: Open University Press.

McLeod, J. (1998) *Introduction to Counselling*, 2nd edn. Buckingham: Open University Press.

Nelson-Jones, R. (1983) *Practical Counselling Skills*. Eastbourne: Holt Rinehart and Winston.

Pedersen, P. (1987). *Handbook of Cross Cultural Counselling and Therapy*. New York: Praeger.

Rogers, C. (1951) *Client-centered Therapy*. London: Constable.

Rogers, C. (1961) *On Becoming a Person*. London: Constable.

Skynner, R. and Cleese, J. (1983) *Families and How to Survive Them*. London: Methuen.

參考書目

Appell, M.L. (1963) Self-understanding for the guidance counselor, *Personnel and Guidance Journal*, 42: 143–8.

Arbuckle, D.S. (1950) *Teacher Counseling*. Reading, MA: Addison-Wesley.

Arbuckle, D.S. (1965) *Counseling: Philosophy, Theory and Practice*. Boston: Allyn and Bacon.

Arbuckle, D.S. (1966) *Pupil Personnel Services in the Modern School*. Boston: Allyn and Bacon.

Argyle, M. (1983) *The Psychology of Interpersonal Behaviour*, 4th edn. London: Penguin.

BAC (British Association for Counselling) (1998) *Code of Ethics and Practice for Counsellors*. Rugby: BAC.

BAC (British Association for Counselling) (1999) *Code of Ethics and Practice Guidelines for Those Using Counselling Skills in their Work*. Rugby: BAC.

Beloff, M. and Mountfield, H. (1994) *Sex Education in Schools: A Joint Opinion*. London: Association of Teachers and Lecturers.

Berne, E. (1966) *Games People Play: The Psychology of Human Relationships*. London: Andre Deutsch.

Bolger, A.W. (1982) *Counselling in Britain*. London: Batsford Academic and Educational Limited.

Brammer, L.M. (1976) *The Helping Relationship: Process and Skills*. Englewood Cliffs, NJ: Prentice-Hall.

Brammer, L.M. and Shostrum, E.L. (1968) *The Therapeutic Psychology*. Englewood Cliffs, NJ: Prentice-Hall.

Brook Advisory Centres (1996) *What Should I Do?* London: Brook Advisory Centres.

CACE (Central Advisory Council for Education) (England) (1959) *15 to 18*, Vol.1 (*Crowther Report*). London: HMSO.

CACE (Central Advisory Council for Education) (England) (1963) *Half our Future* (*Newsom Report*). London: HMSO.

CACE (Central Advisory Council for Education) (England) (1967) *Children and their Primary Schools*, Vol.1 (*Plowden Report*). London: DES.

Cameron, N. (1963) *Personality Development and Psychopathology: A Dynamic Approach*. Boston: Houghton Mifflin.

Carkhuff, R.R. and Pierce, R.M. (1975) *Trainer's Guide: The Art of Helping*. Amherst, MA: Human Resource Development Press.

Children's Legal Centre (1996) *Offering Children Confidentiality: Law and Guidance*. Colchester: Children's Legal Centre, University of Essex.

Darwin, C. (1872) *The Expression of the Emotions in Man and Animals*. London: John Murray.

DES (Department of Education and Science) (1989) *Education (School Records) Regulations*. London: HMSO.

DfEE (Department for Education and Employment) (1994a) *Education Act 1993: Sex Education in Schools*, Circular 5/94. Sudbury: DfEE Publications Centre.

DfEE (Department for Education and Employment) (1994b) *The Education of Children with Emotional and Behavioural Difficulties*, Circular 9/94. Sudbury: DfEE Publications Centre.

DfEE (Department for Education and Employment) (1995a) *Drug Prevention and Schools*, Circular 4/95. Sudbury: DfEE Publications Centre.

DfEE (Department for Education and Employment) (1995b) *Protecting Children from Abuse: The Role of the Education Service*, Circular 10/95. Sudbury: DfEE Publications Centre.

DfEE (Department for Education and Employment) (1998) *Requirements for Courses of Initial Teacher Training*, Circular 4/98. Sudbury: DfEE Publications Centre.

DfEE (Department for Education and Employment) (1997) *School Governors: A Guide to the Law*. Sudbury: DfEE Publications Centre.

Douglas, J.W.B. (1964) *The Home and the School: A Study of Ability and Attainment in the Primary School*. London: MacGibbon and Kee.

DHSS (Department of Health and Social Security) (1988) *Report of the Inquiry into Child Abuse in Cleveland 1987* (Butler-Sloss Report). London: HMSO.

Edelwich, J. (1980) *Burn-out: Stages of Disillusionment in the Helping Professions*. New York: Human Sciences Press.

Egan, G. (1975) *The Skilled Helper*. Monterey, CA: Brooks-Cole.

Egan, G. (1986) Characteristics of classroom teachers' mentor–protégé relationships, in Gray, W. and Gray, M.M., *Mentoring: A Comprehensive Annotated Bibliography of Important References.* Vancouver, BC: International Association for Mentoring.

Ekman, P., Friesen, W. and Ellsworth, P. (1972) *Emotion in the Human Face.* Elmsford, NY: Pergamon Press.

Hall, E.T. (1977) *Beyond Culture.* Garden City, NY: Anchor Books/ Doubleday.

Harper, R., Wiens, A. and Matarazzo, J. (1978) *Non Verbal Communication: The State of the Art.* New York: John Wiley.

Holden, A. (1971) *Counselling in Secondary Schools: With Special Reference to Authority and Referral.* London: Constable.

Home Office (1991) *Working Together Under the Children Act 1989: A Guide to Arrangements for Inter-agency Cooperation for the Protection of Children from Abuse.* London: HMSO.

Jacobs, M. (1999) *Swift to Hear,* 2nd edn. London: SPCK.

Jones, A. (1970) *School Counselling in Practice.* London: Ward Lock Educational.

Jones, A. (1984) *Counselling Adolescents: School and After,* 2nd edn. London: Kogan Page.

Keppers, G.L. (1956) Organizing guidance services – specialists speak, *Clearing House,* 31: 216–20.

Lang, G. and van der Molen, H. (1990) *Personal Conversations: Roles and Skills for Counsellors.* London: Routledge.

Mabey, J. and Sorensen, B. (1995) *Counselling for Young People.* Buckingham: Open University Press.

Mehrabian, A. (1971) *Silent Messages.* Belmont, CA: Wadsworth.

Musgrove, F.L.E.H. (1976) *The Family, Education and Society.* London: Routledge and Kegan Paul.

NAMH (National Association for Mental Health) (1970) *School Counselling: Report of a Working Party of the NAMH on Counselling in Schools.* London: NAMH.

Newman, B.M. and Newman, P.R. (1979) *Development through Life: A Psychosocial Approach,* revised edn. Homewood, IL: Dorsey Press.

Newson, J. and Newson, E. (1963) *Infant Care in an Urban Community.* London: Allen and Unwin.

Newson, J. and Newson, E. (1968) *Four Years Old in an Urban Community.* London: Allen and Unwin.

Noonan, E. (1983) *Counselling Young People.* London: Methuen.

Patterson, C.H. (1971) *An Introduction to Counseling in the School.* New

York: Harper and Row.

Reik, T. (1948) *Listening with the Third Ear*. New York: Grove Press.

Ribbins, P. and Best, R. (1985) Pastoral care: theory, practice and the growth of research, in Lang, P. and Marland, M. (eds) *New Directions in Pastoral Care*. Oxford: Blackwell.

Richardson, J. (1979) Objections to personal counselling in schools, *British Journal of Guidance and Counselling*, 7: 129–43.

Rogers, C.R. (1951) *Client-centered Therapy*. London: Constable.

Rudduck, J., Chaplain, R. and Wallace, G. (1996) *School Improvement – What Can Pupils Tell Us?* London: David Fulton Publishers.

Skinner, B.F. (1953) *Science and Human Behaviour*. New York: Macmillan.

Truax, C.B. and Carkhuff, R.R. (1967) *Toward Effective Counseling and Psychotherapy*. New York: Aldine Publishing Company.

Tyler, L.E. (1961) *The Work of the Counselor*. New York: Appleton-Century-Crofts.

Watson, J.B. (1924) *Behaviourism*. New York: People's Institute.

Williams, K. (1973) *The School Counsellor*. London: Methuen.

Wrenn, C.G. (1962) *The Counselor in a Changing World*. Washington: American Personnel and Guidance Association.

教師的諮商技巧

作　　著 / Gail King

校　　訂 / 李茂興

譯　　者 / 戴靖惠

出 版 者 / 弘智文化事業有限公司

登 記 證 / 局版台業字第 6263 號

地　　址 / 台北縣深坑鄉北深路三段 260 號 8 樓

電　　話 / （02）8662-6826 · 8662-6810

傳　　真 / （02）2664-7633

發 行 人 / 馬琦涵

總 經 銷 / 揚智文化事業股份有限公司

地　　址 / 台北縣深坑鄉北深路三段 260 號 8 樓

電　　話 / （02）8662-6826 · 8662-6810

傳　　真 / （02）2664-7633

製　　版 / 信利印製有限公司

初版二刷 / 2009 年 08 月

定　　價 / 200 元

E-mail / service@ycrc.com.tw

ISBN 957-0453-50-8

國家圖書館出版品預行編目資料

教師的諮商技巧 / Gail King作；戴靖惠譯. -
- 初版. -- 臺北市：弘智文化, 2002〔民91〕
   面：   公分
譯自：Counselling skills for teachers
ISBN 957-0453-50-8（平裝）

1. 中等教育 - 管理及輔導 2. 諮商

524.7   91001792